酒店标准化
六常管理

升级版

邵德春 袁武刚 著

北京联合出版公司
Beijing United Publishing Co.,Ltd.

图书在版编目（CIP）数据

酒店标准化六常管理：升级版 / 邵德春，袁武刚著 . —北京：北京联合出版公司，2019.7（2024.6重印）

ISBN 978-7-5596-2738-4

Ⅰ . ①酒… Ⅱ . ①邵… ②袁… Ⅲ . ①饭店—商业企业管理 Ⅳ . ① F719.2

中国版本图书馆 CIP 数据核字（2019）第 070769 号

酒店标准化六常管理：升级版

作　　者：邵德春　袁武刚
出 品 人：赵红仕
选题策划：北京时代光华图书有限公司
责任编辑：李艳芬
特约编辑：李淼淼
封面设计：柏拉图

北京联合出版公司出版
（北京市西城区德外大街 83 号楼 9 层　　100088）
北京时代光华图书有限公司发行
涿州市京南印刷厂印刷　　新华书店经销
字数 166 千字　　787 毫米 ×1092 毫米　　1/16　　13.25 印张
2019 年 7 月第 1 版　　2024 年 6 月第 2 次印刷
ISBN 978-7-5596-2738-4
定价：68.00 元

版权所有，侵权必究
未经书面许可，不得以任何方式转载、复制、翻印本书部分或全部内容
本书若有质量问题，请与本社图书销售中心联系调换。电话：010-82894445

目 录
CONTENTS

再版序 / Ⅶ

序 / Ⅺ

第一章 你距离科学管理还有多远

一、你的酒店是这个样子吗 /003

1. 厨房脏乱差 /003
2. 苍蝇满天飞 /003
3. 到处是浪费 /004
4. 员工效率低 /005
5. 不知员工在干什么 /006
6. 客人投诉闹不停 /007
7. 酒店老板压力大 /008

二、看看别人的酒店是什么样的 /009

三、酒店管理最头疼的三种现象 /017

1. 酒店管理"表里不一" /017

2. 东西没有就买，买了就丢，丢了再买 /020

3. 对员工只有标准，没有方法 /021

第二章　什么是六常管理

一、六常 ≠ 五常 + 一常 /027

1. 六常管理与其他管理方法有何不同 /027

2. 六常管理是否有效，我说了不算 /029

二、酒店六常管理能够做什么 /031

1. 酒店六常管理是衡量酒店管理好坏的标准 /031

2. 酒店六常管理是一套方法和步骤 /032

3. 酒店六常管理将酒店与餐馆的优势相结合 /033

4. 酒店六常管理扫清了员工与客户的沟通障碍 /034

5. 酒店六常管理带来的是由内而外的改变 /035

三、六常管理凭什么能为酒店带来利润 /043

1. 六常管理为企业的利润"开源" /043

2. 六常管理为企业的费用"节流" /047

四、你有过这三个问题吗 /049

1. 为什么国际品牌酒店不需要实施六常管理 /050

2. 为什么不能说国内酒店员工的工资很低 /052

3. 为什么普通酒店收银员能做国际品牌酒店西餐主管 /053

目录

第三章 常分类——把能看到的物品都归类

一、根据使用频率来划分物品是否有用 /059

二、办公用品如何分类 /060

1. 倒推分类法 /060
2. 一套工具分类法 /062

第四章 常整理——整理不是扔东西

一、划分物品存放的三个维度 /067

1. 按照使用频率来分类 /067
2. 按照物品高、中、低用量分别存放 /070
3. 按照操作顺序放置 /071

二、不可小瞧的标牌 /074

1. 地点标牌要标什么 /075
2. 拼音检索也方便 /078
3. 存货标签怎么填 /079
4. 非食品类标签怎么填 /084
5. 处处都能看到的收纳盒 /084
6. 利用照片增强责任心 /086
7. 冰箱内物品存放卡尽量做成活动的 /087
8. 统一管理私人物品 /087

三、标志线应该怎么画 /088

1. 最重要的4条线 /088

2. 设立指示标牌，画好方向线　/091

　　3. 不同颜色的秘密　/092

　　4. 同一颜色，同一系列　/093

　　5. 通过形迹整理来方便物品返还　/093

四、充分利用后台空间　/094

第五章　常清洁——让酒店永远没有大扫除

一、清洁程序三部曲：清洁、检查和维修　/107

　　1. 清洁计划常调整　/107

　　2. 自我检查别忽视　/108

　　3. 简单维修省大事　/109

二、让清洁的责任更明确　/110

　　1. 责任到人，制度上墙　/110

　　2. 设施和设备离地15厘米　/110

　　3. 酒店卫生无死角　/112

三、清洁检查要公开　/112

四、常清洁作用多　/114

五、清洁前要把厨房漏水的地方全修好　/116

第六章　常维护——避免不必要的劳动

一、不用分类的分类　/119

二、不用整理的整理 /120

　　1. 物品"四定"归位法 /120

　　2. 使物品不会杂乱的方法 /121

三、不用清洁的清洁 /124

四、定期维护设备设施 /127

第七章　常规范——将员工行为规范化

一、岗位职责明确化 /133

二、工作内容程序化 /134

三、员工行为规范化 /135

　　1. 员工一切行为都要有规范 /135

　　2. 所有设备都要有使用说明书 /144

　　3. 推行傻瓜式管理模式 /147

　　4. 布置统一规范的通告板 /155

　　5. 召开有效的会议 /156

　　6. 实行首问负责制前培训要到位 /157

四、酒店如何节能降耗 /159

　　1. 有效使用脚开关 /161

　　2. 环保回收，循环再用 /161

　　3. 奖励节约，处罚浪费 /161

　　4. 将电源开关加上指示标志 /163

　　5. 标明电器设备的使用时段和标准 /163

五、安全规范是保障 / 163

　　　　1. 安全制度和管理体系要健全 / 163

　　　　2. 具体安全措施须明确 / 165

　　六、设置"六常博物馆"好处多 / 167

第八章　常教育——让六常成为习惯

　　一、六常习惯有哪些 / 171

　　　　1. 规范的仪容仪表 / 171

　　　　2. 标准服务用语的规范和训练 / 173

　　　　3. 每天下班前5分钟检查六常实施情况 / 175

　　　　4. 今日事，今日毕 / 176

　　　　5. 用报表和数字说话 / 176

　　　　6. 酒店六常管理规范的创新 / 177

　　二、怎样才能使员工养成习惯 / 178

附录　酒店部分员工责任卡

　　一、餐饮部员工责任卡 / 183

　　二、客房部员工责任卡 / 186

　　三、仓管部员工责任卡 / 188

致谢 / 191

···再版序

《酒店标准化六常管理》多次修订再版,受到了很多业内人士的关注及各级酒店餐饮管理者的喜爱。面对这本书所取得的成绩,我除了感到激动和兴奋,更多的是冷静与反思。在这么多年的咨询培训经历中,我看到过太多不尽如人意甚至让人感到扼腕叹息的事情。我不敢说自己是国内酒店餐饮圈子里的翘楚,更不敢以"国内酒店餐饮培训讲师第一人"的名头自居,我只希望六常法能够踏踏实实地为国内的餐饮企业做更多的事情。说大了是为国人的饮食健康而奋斗,说小了则是为了让中国的餐饮企业不再难管。在图书出版后的这12年里,我仍在不断收集各个方面的案例,力争让六常管理课程的体系更加完善,内容更贴近实战。

六常管理发展到现在,已经升级到了第四代:

"一代六常"主要是搞卫生、贴标签,杜绝"垃圾"厨房。

"二代六常"即"傻瓜模式",就是把酒店每个岗位的行为规范通过"傻瓜模式"表现出来,以打造标准化服务、标准化菜品和超国家标准安全体系的放心餐饮店，让客人认准并到实施六常管理的酒店来用餐。

在酒店经营中，能做到"服务标准化"已经不罕见了，但能达到"中餐菜品标准化"却还是很新鲜的事，因为菜品制作的过程中有着较多的主观因素。而"二代六常"要求将各个菜品的制作过程通过"傻瓜模式"表现出来，顶尖的厨师长制作的"傻瓜模式"菜品能够使一个新厨工在两天之内学会。在六常管理中，能否做到菜品标准化往往也是考核一个厨师长能否得到高薪的重要标准之一。

近年来，我国食品安全频受冲击，"打造放心餐饮店"已成为各个餐饮酒店义不容辞的责任。我们也明确要求分布在全国的各家六常管理样板店承诺绝对不使用违法添加剂。我们公司的使命是，为中国人的饮食健康而奋斗终生！我希望通过5~10年的努力，让更多人认准到"六常管理酒店"用餐。

"三代六常"是在导入六常管理的过程中提炼出来的，它的最大作用就是帮助酒店减少浪费，降低库存，提升菜肴毛利。一家餐饮公司经营得怎么样，毛利很关键。生意再好没有利润，那也是没有用的。我们不断地总结和调研，得出了一套行之有效、操作性强的方法，这就是"三代六常"。酒店导入"三代六常"以后，厨房毛利会有一定的提升，少则1~2个点，多则5~6个点。如果按照餐厅每月营业额100万元计算，每月净省出几万元的可能性非常大。并且，在提升毛利的同时，整个厨房的浪费也减少了，菜肴新鲜度得到了保障。这就是"三代六常"的核心点。

"四代六常"是找空间和厨房流线的设计。我们发现很多酒店的厨房空间没有被合理地利用起来，员工都认为厨房太小，施展不开手脚。我们将合理利用空间的理念导入到六常管理中，成为现今备受欢迎的"四代六常"：充分利用每个厨房角落，寻找大空间，抠出小空间，分别存放大小不一的物品。很多酒店做完后发现自己的厨房变大了，就是因为空间利用到位了，不再有浪费的地方。

另外，"四代六常"还要做厨房的流线改造。有的酒店设计师对厨房的了解并不透彻，以至于在厨房的细节设计中产生流线不合理现象，导致员工重复劳动。同时，操作时地面湿滑，也容易产生员工摔伤等安全事故。"四代六常"对厨房流线进行的一些小改造，减去了厨师的无效劳动，让厨房流线最大程度地合理化。

为国家做一家富有责任心的餐饮企业，为社会做一家有良心的餐饮企业，为员工做一家创造梦想的餐饮企业，为自己做一个有幸福感的餐饮人，成为我的目标，并不断鞭策我更深入、持续地研究餐饮系统的多方位发展。在此过程中，邵德春餐饮定位系统理念逐渐形成。

邵德春餐饮定位系统简称"一个定位两套系统"。一个定位是指企业有清晰的品牌和品类，目的是让消费者一看门面就想进来消费。两套系统指内部系统和外部系统：内部系统是指围绕定位建立内部管理系统，目的是让消费者不断回头；外部系统是指围绕定位建立推广品牌传播系统，目的是让新消费者不断慕名而来。

我们有60多位专业讲师和139位实干型企业家讲师组成的餐饮定位系统研究团队，足迹遍布全国30个省市，培训人数超60万人。截至目前，已经成功帮助几百个餐饮品牌成为区域第一，几十个餐饮品牌成为全国品牌。

希望导入了六常管理和关注过六常管理的朋友们来一起了解和使用餐饮定位系统。

六常管理因你们而更加精彩！

邵德春

序

"邵德春酒店六常管理法"的由来

在讲述"邵德春酒店六常管理法"之前,我要先谈谈日本的 5S 法及它的来源。日本是个岛国,在古代,日本的居民以渔民为主,渔民常常以船为家,吃住都在船上,如果他们什么东西都往家里放,船很快就会下沉。因此,为了使自己的家——船能正常使用,渔民不得不经常整理渔船,将超过一年不用的东西处理掉。渐渐地,日本人就形成了极具特色的日本文化——简单、有序、整洁。

早在 200 多年前,一些日本的文人就将日本的家居文化归纳成 5S 法,5S 表示 5 个日语词汇:整理(seiri)、整顿(seiton)、清扫(seiso)、清洁(seikitsu)、素养(shitsuke)。日本人将这种方法广泛应用于工作、生活的方方面面。20 世纪 50 年代,日本制造企业将 5S 法作为工厂现场管理的基础,从而形成了日本企业一种独特的管理方法。其目的是让工作场所的工具摆放有序,提升工作安全及效率,降低产品不良率。日本制造业也因为推行5S法成效良好，使得日本商品成为世界顶尖产品的代名词，于是就有跨国大企业将5S法推行到世界各地，5S法迅速成为风靡全球制造企业的管理方法。

近些年来，日本的5S法因简单有效、操作方便，也日益被中国的工厂、医院、酒店等组织接受，并广泛应用于现场管理之中。

几年前，我系统学习了5S法，并开始在酒店管理中进行推广和培训。但在实践的过程中，我发现5S法对于酒店管理来说，还有很多地方是不太适合的。比如，5S法主要适用于工厂，而工厂和酒店有一个最大的区别：工厂主要是员工区，而酒店除了员工区，更主要的是客人区。酒店实施5S法后，员工区当然显得更加整洁有序了，但客人区则会因贴上很多五颜六色的分隔线和标识而变得很"刺眼"，让人感觉混乱，没有品位。所以很多酒店、宾馆的老总在参观了实施5S管理的酒店以后，说他们并不愿学习和借鉴。有感于此，我结合自己多年对中外酒店管理的研究心得，以及从事宾馆和餐饮管理的实践经验，对5S法进行了大量的修改，并补充了许多酒店管理方面的专业知识，提出"傻瓜式管理模式"的概念，发展出"邵德春酒店六常管理法"（以下简称"酒店六常管理"），即常分类、常整理、常清洁、常维护、常规范、常教育。

在从事酒店培训顾问的工作中，我为酒店六常管理的普及推广付出了不懈的努力，也收到了良好的管理效果。截至目前，全国已有杭州海景大酒店、嘉兴金悦大酒楼有限公司、金华国际大酒店、三亚金棕榈度假酒店、济南舜耕山庄、深圳太阳花酒店等百余家酒店餐馆导入了酒店六常管理模式。酒店六常管理也被酒店同行们誉为"当今中国酒店餐饮业最实用最容易操作的，即使是流动性强、素质低的员工也在两天内就能掌握的傻瓜式"酒店管理模式。倍感欣慰之际，我也更加坚定了信心与决心，以在中国酒店餐饮业普及酒店六常管理为己任，以提高中国的酒店餐饮业管理水平为终身事业。

酒店六常管理还存在有待改善的地方。在开展酒店管理培训过程中，我经常建议那些实施该管理方法的酒店要不断创新，及时总结经验教训，这样酒店六常管理才会越来越完善，越来越适应中国酒店餐饮业的发展需要。所以，我十分希望读者朋友们在阅读此书的过程中，如有不同意见或创新想法，能不吝指正。

最后，真诚祝愿我们的国家国富民强、繁荣昌盛；中国的酒店业亦能够蒸蒸日上，中国的酒店人朝气蓬勃，不断进步！

邵德春

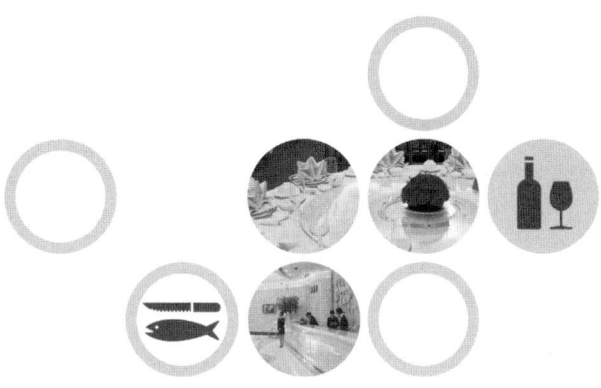

第一章
你距离科学管理还有多远

一、你的酒店是这个样子吗

1. 厨房脏乱差

在许多酒店,我们经常可以看到这样的厨房:工作环境零乱肮脏,地板又湿又滑,经常出现打碎碗盘、摔伤员工的事情。甚至很多高层管理人员自己都不愿到厨房去,因为怕摔跤,也受不了厨房里难闻的气味……可是,作为这样酒店的管理者,你替在厨房工作的员工考虑过吗?

2. 苍蝇满天飞

许多酒店整体环境卫生条件较差,一到夏季便苍蝇不断。一些酒店为了减少苍蝇,便在酒店管理制度中规定:酒店管理人员要随时检查,如果发现一只苍蝇,就处罚责任服务员5元钱,当然,责任服务员打死一只苍蝇上交,也会获得5元钱的奖励。

诚然,这个减少苍蝇的办法既有效又不会让酒店赔钱。因为一只苍蝇飞到哪里,哪个责任区的服务员就要被罚5元钱,而打死一只苍蝇也就是奖励5元钱。一般情况下，酒店罚得多，奖得少，因为一只苍蝇有时可以处罚几个服务员，或者一个服务员只要没有打死它就可能被罚几次。酒店采用了这个办法之后，苍蝇是减少了，却无法绝迹。原因很简单，酒店一边在消灭苍蝇，另一边却在生产苍蝇，并没有从根本上解决苍蝇滋生的问题。

酒店的哪些地方在滋生苍蝇呢？厨房的下水道、垃圾桶、泔水桶等。如果不能从根本上解决酒店这些地方脏乱差的问题，仅仅通过处罚员工来消灭苍蝇的方法是不会真正有效的。

3. 到处是浪费

一些酒店由于缺乏计划而采购过量，经常出现物品积压、食品过期变质等问题。库存严重积压，不仅占用库房的空间，而且导致寻找物品很不方便，库房的报表上明明有某种物品，可就是找不到，最终只能重新购买；或许会在某一天清理库房时翻出来，但物品早已经过期，无法使用了。如果酒店管理水平本来就比较低，这个问题就很容易形成恶性循环。然而，经常清理库房就可以彻底解决这个问题了吗？

图1-1 超计划采购而严重积压的酒店物品

图 1-2　酒店冰箱里找出来的发霉的红提

4. 员工效率低

许多酒店的物品随意摆放，员工经常因此找不到需要的东西，工作效率十分低下。据统计发现，在管理混乱的酒店中，80%的员工因为物品摆放随意、缺乏秩序，每天 8 小时的工作时间要分出 1~1.5 小时来寻找所需要的东西。这样的工作效率又怎么可能高呢？

图 1-3　杂乱不堪的酒店仓库

花了近6分钟找到的小青瓜

某一天,酒店经理让厨师找出冰柜里的小青瓜。厨师将冰柜所有的柜门打开,又将里面的每个塑料袋都打开,最后终于在一个袋子里找到了小青瓜,总共花费5分42秒。

相信上面的场景应该是大家在日常工作中曾经看到的吧!如果现在不忙,你花5分42秒还勉强可以接受,若是正值用餐高峰期,有20桌客人等着上菜,你还有可能花这么长的时间去找吗?这种工作方式的直接后果便是,上菜太慢导致客人投诉。因为从点菜到上菜的中间环节实在太多,如果厨师仅找到做菜所需的一种食材就要花费5分42秒,然后其他的各环节都再慢一点,客人不投诉才怪呢!

而且,厨师在寻找物品时不仅浪费了时间,还会损耗大量电能。

图1-4 酒店随意摆放的搁物架

5. 不知员工在干什么

许多酒店一方面有大量事情需要员工去做,另一方面酒店经理、厨房管理人员、厨师、服务员却又时常不知道自己应该干什么，并且领导在与不在的表现也完全不一样。

在一些酒店里，我经常发现这样一种非常奇怪又有趣的现象：有的酒店经理做了3年，每天除了日常的管理事务，没有什么其他事情可做；酒店的厨师本应晚上9点30分下班，但大部分的人晚上8点30分就已经不在岗位上了，纷纷在室外乘凉、聊天、打电话、发微信。领导来了，他们就装模作样地工作一会儿；领导一走开，他们又马上无所事事起来。许多酒店的老板一出差，心里就开始七上八下，因为他们实在不知道自己的员工都在做什么。

6. 客人投诉闹不停

做酒店餐饮行业最怕的就是客人投诉，因为酒店餐饮是靠口碑生存的行业之一。近年来，中国酒店餐饮业的发展出现了两大趋势。

第一个趋势就是客人越来越成熟，对酒店服务的要求越来越高，也越来越挑剔了，酒店、宾馆从业人员对这一点的感受是最深的。在40年前，酒店服务人员为客人服务是再容易不过的一件事情。那时候，国内大部分人很少去住酒店、宾馆，接受酒店的服务也比较少。因此，一走进酒店、宾馆，他们心里就很紧张，甚至担心别人会笑话他，还要看服务员的脸色说话，吃饭时也经常问服务员这个怎么吃、那个怎么吃。此时，服务员只要给出一个和颜悦色的微笑，对客人来说就已经是最好的服务了。可在今天，客人越来越频繁地进出酒店、餐馆、宾馆，认识到酒店行业理应是为客人提供优质服务的，客人的观念甚至走向另一个极端——摆出一副"上帝"的架势，对服务员要求非常高，有时甚至到了十分苛刻的地步。

第二个趋势是酒店餐饮业越来越难招到优秀的服务人员,而现有服务人员的素质也变得越来越低,流动性越来越大。在我最初做服务员的时候,酒店对求职人员在学历、身高、长相方面要求很高,比如学历要求至少高中毕业,女性身高要1.60米以上,容貌秀丽、身材苗条等。即便如此,当时酒店招聘人员的挑选空间仍然很大,要招聘10个服务员,往往会有100多人前来应聘,甚至还有人要通过拉关系、"走后门"才能进入酒店工作。而今天,酒店招人容易的日子已一去不复返了。不要说招收高中学历的员工,有时连初中毕业的员工都很难招到,因此一些酒店不得不降格以求。所以,现在某些酒店的员工在素质上可谓良莠不齐。

优秀的服务人员如此难招,客人的要求却越来越高,而且这种反差呈不断加大的趋势。因此,酒店服务的质量越来越不稳定,经常遭到客人投诉,导致客人流失,很难再有回头客。客人都不回头了,酒店利润又从何而来?

7. 酒店老板压力大

越来越多的管理者感到酒店难管理,酒店老板的压力也越来越大,来自社会、相关部门、竞争对手和下属的压力,酒店生意不好的压力,担心管理不好、卫生不好、食物中毒的压力……

面对这一切,怎么办?酒店老板只能一年365天、一天24小时地拼命工作,只要酒店在运转,他们就高度紧张,甚至睡不着觉,总担心酒店管理出现问题、服务出现事故。可即使老板日夜难安,事故依然屡屡发生。所以,许多酒店老板是非常痛苦的,他们天天都在高度紧张地工作，而且是每天 24 小时脑子不休息地工作。也许有人会说，老板怎么可能 24 小时上班，难道他们不睡觉？是，他们是要睡觉，但即便睡觉时也时常被与酒店管理有关的噩梦惊醒。

二、看看别人的酒店是什么样的

在这里，我不想过多地用文字去介绍别人的酒店是如何整洁高效的，只想通过一些图片来让大家真实感受一下，引入六常管理的酒店是如何有序的。

◎ 前台

图 1-5　整洁的前台内部

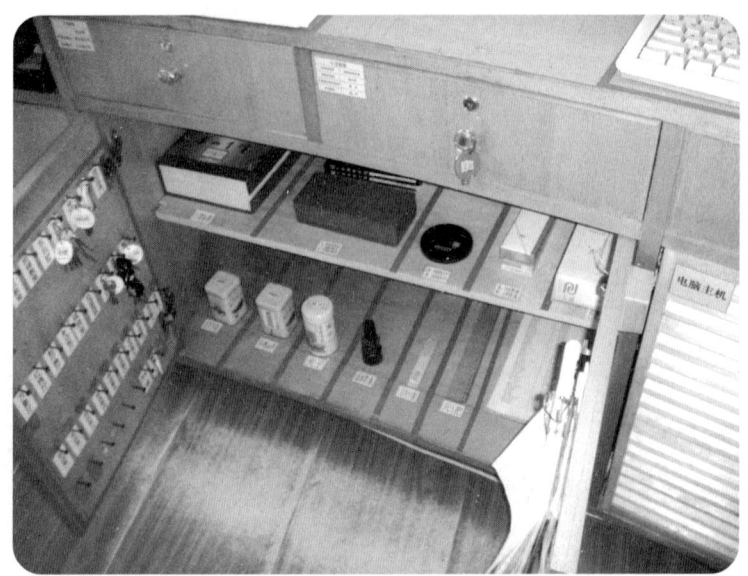

图 1-6 前台内部物品摆放

◎ 宿舍

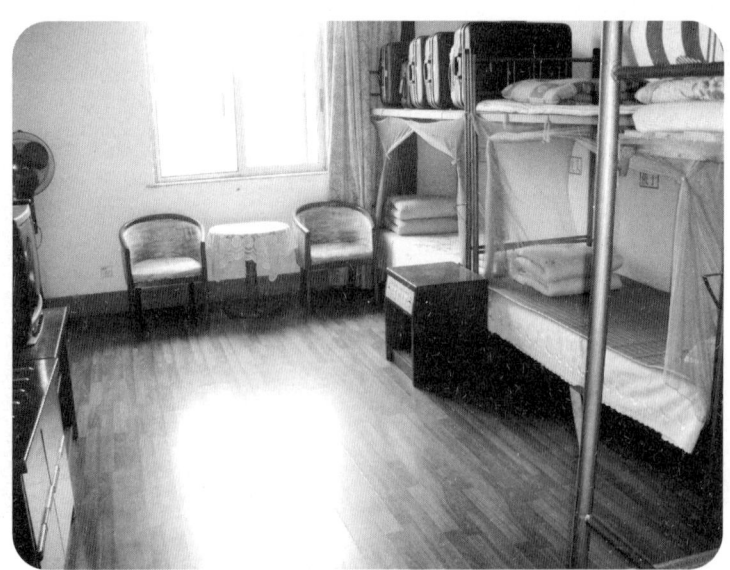

图 1-7 员工宿舍

图1-8　员工鞋架

图1-9　员工洗漱间

◎ 工具间

图 1-10　工具存放处

图 1-11　工具间

◎ 厨房

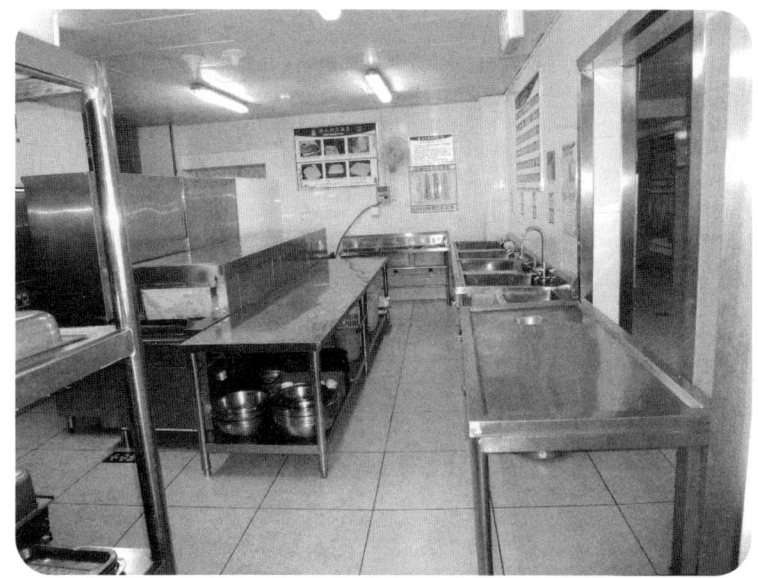

图 1-12　厨房操作间

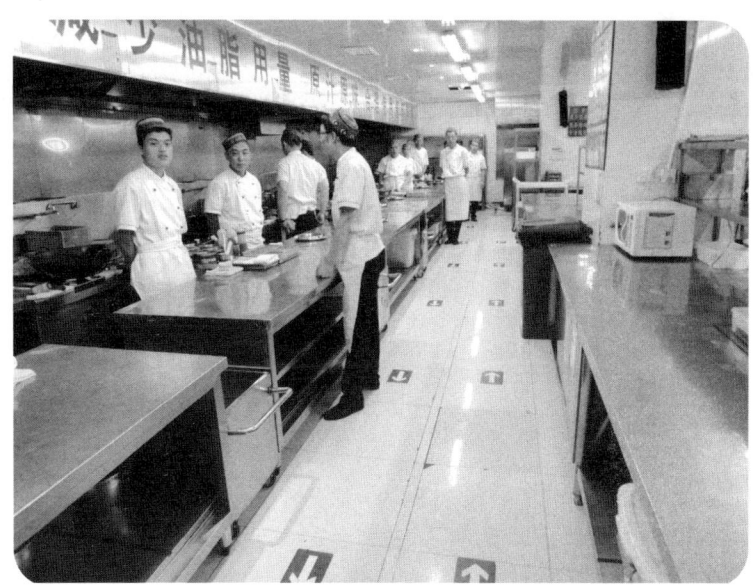

图 1-13　营业中的厨房操作间

图 1-14 有序使用的厨房操作间

图 1-15 厨房一角

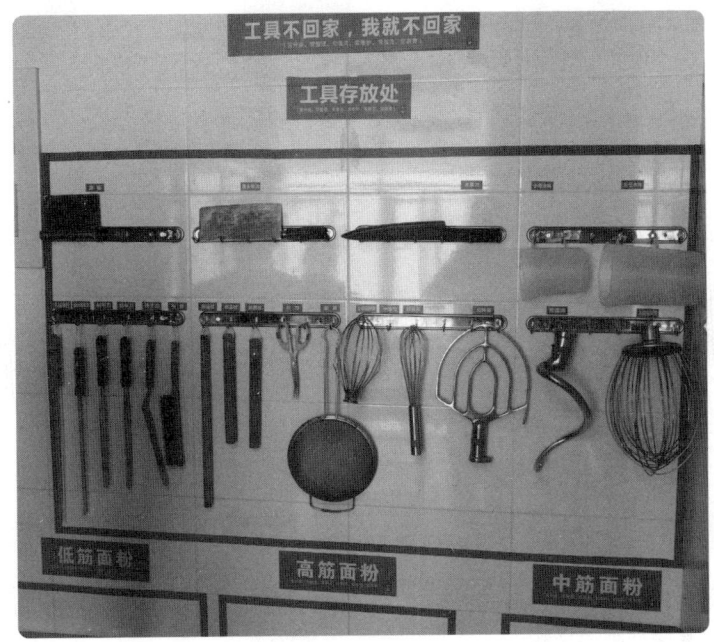

图 1-16 厨房工具架

图 1-17 冰柜

◎ 库房

图 1-18　分区的货架

图 1-19　货品的摆放

三、酒店管理最头疼的三种现象

1. 酒店管理"表里不一"

在国内很多酒店中,员工和管理者最容易犯的错误之一就是"表里不一"——写的和放的不一样,说的和做的不一样。明明有条例,有制度,可就是不去执行,以致管理层有很好的想法却无法落实。究其原因,就是没有把员工的个人利益与执行后的获益联系起来,没有把他们的想法从"要我做"转变为"我要做"。而这种"表里不一"现象在很多酒店中随处可见,例如:

(1)三星级酒店的服务总台,从外面看上去桌面整洁,可一旦办理手续的客人一多,效率马上就会慢下来。如果客人有机会到里面看一眼,就会发现简直乱得一塌糊涂。

图 1-20　内部凌乱不堪的酒店服务总台

(2)明明各个柜子的用途已经标明,柜门上写着围棋、电池、茶叶(见图 1-21),可实际操作起来却变了味,打开以后发现里面凌乱不堪，什么都有（见图1-22）。看来员工是把这里变成了"百宝箱"，什么东西都往里装。

图1-21 写着"围棋、电池、茶叶"的柜子

图1-22 零乱的柜子内部

（3）酒店总经理开会的时候，几乎每次都像"碎嘴婆"一样，总是强调酒店里的任何地方都应该是一尘不染的，也早就说明了合格的

情况应该是什么样子的。可到了厨房仍会发现地板又湿又滑,到处都肮脏不堪。自己摔个跟头事小,酒店管理"摔了跟头"可就事大了。

有和没有都一样的小纸条

厨房的开关处贴着"请随手关灯,违者罚款20元"的纸条。员工下班后却依旧如故,有时人走了,但室内仍灯火通明,有时即便关灯了,排风扇却一直呼呼地转。几乎没有一个人能自觉做到下班前检查。

图 1-23　厨房开关处的纸条

当问到这家酒店的厨师长为何开关处会贴这样的告示时,他的回答是,因为老板下班检查的时候,发现厨房的灯是开着的,却没有一个人在里面,于是把他批评了一顿,所以厨师长才把这张纸条贴在这里。可是,这种做法起到真正的作用了吗?并且,检查的事情应该是由老板来做的吗?

2. 东西没有就买，买了就丢，丢了再买

许多老板十分重视酒店整体的装修与设备的更新，在大楼的改建和装修上，一下子拿出100万元甚至1000万元也一点都不心疼，因为这关乎酒店的脸面。但在装修以后，如果要花费三四万元对员工进行培训，以提高酒店各部门经理的管理水平，加强员工对设备的清洁保养能力，一些酒店老板就会一百个不情愿，直说费用太贵了。结果，这些酒店由于疏于管理，本该使用10年、15年的大型设备，短短三五年就报废了，相关的小物件也是买了又买，一再浪费。其实，这些老板没有算过经济账，没有想过管理体系科学化能够降低的成本将远远高于培训投入。有的店面在导入六常管理后，仅水电费一项，一年就能省下将近10万元，更不用说人员工资了。下面我就列举两个酒店管理中常会出现的浪费现象：

（1）工程人员使用的铁锤、凿子等工具扔在厨房灶台下面的地板上很长时间了，却无人问津。酒店工程部经理看到以后无奈地说："怪不得我们酒店要经常买铁锤！"

图1-24　随处乱扔的工具

（2）冰柜的散热器因为被污垢堵塞了，无法正常散热，制冷效果十分不好，厨师申请报修。工程部人员没法修，因为冰柜的散热器不是坏了而是堵了，工程部人员又不负责清洁卫生。这台冰柜修不好就只能报废。于是，本可以用10年、15年的设备，却因为卫生问题而缩短了使用寿命，真可惜！

图1-25　因卫生问题而提前报废的冰柜散热器

3. 对员工只有标准，没有方法

在酒店内训过程中，我经常会发现许多酒店对服务人员只有要求和标准，却没有具体的实施方法。这是酒店管理中常见的又一个错误。比如，酒店一般都会要求服务人员必须做到餐饮包厢里的所需物品齐全、摆放整齐，但打开餐饮包厢的抽屉时，却发现里面的东西乱七八糟，甚至还有服务人员的个人用品，如手机、证件、钥匙、钱包等（见图1-26）。

图 1-26　乱七八糟的包厢抽屉

如果酒店对每个员工使用的物品不加以规定，摆放不加以要求，员工在工作时间都开通着自己的手机，就根本无法保证酒店服务的水平。例如，有一次我去酒店吃饭，需要服务员提供餐巾纸时，却看不到服务员，我到处找，最后发现她趴在角落里的一张桌子上玩手机。

还有一种更坏的情况：菜上桌后，服务员本应该先将它转到主宾的位置，之后介绍菜名。然而服务员还没有说话，其腰间的手机却开始"说话"了，而且铃声还是唱歌的。这样的情况，只会让客人感觉这个酒店的服务很没有档次，可这家酒店挂的却是四星级的牌子。

有的管理者把员工当成什么都不懂的人，比如在麦当劳的操作手册里绝对不会出现"油温烧热"和"盐、面粉少许"的字样，而是会直接标明"油温××度"和"盐××克"。有的管理者则把员工当成什么都懂的天才，讲的是模糊管理，是"差不多就行"的方式与思维，殊不知这会对企业流程的傻瓜式管理及员工的快速成长带来极大的问题。在餐饮管理过程中，不能只告诉员工你想要什么样的结果，还要告诉他如何才能做到，或者为他建立一套可操作流程，让他即便是个新手也能在最短时间内上手。

在前文提到的情形中，我们需要认真思考：服务员的个人手机都应该放在哪里？厨房地面到底要怎样进行清洁？工程部员工的工具和维修物品又应该如何摆放？……并且，这些操作的标准是什么？更关键的是，达到这些标准的方法和步骤是什么？因为仅有标准而没有方法，一切都是纸上谈兵。

许多酒店管理者都听过培训师讲管理课，对一些所谓的酒店管理标准也心知肚明，比如文化和旅游部公布的三星、四星、五星级酒店的标准等。这样的酒店管理标准其实很容易查到，然而大多数培训师却并没有告知达到这些标准的具体方法和步骤。所以，很多酒店管理人员对员工只有要求与标准，却缺乏有效而实用的管理方法。如何才能找到达到这些标准的方法和步骤，已成为众多酒店管理者迫切需要解决的问题。

本书所讨论的不仅是酒店管理的标准，更主要的是一套达到这些标准的方法和步骤，这也是"邵德春酒店六常管理法"的独特之处。

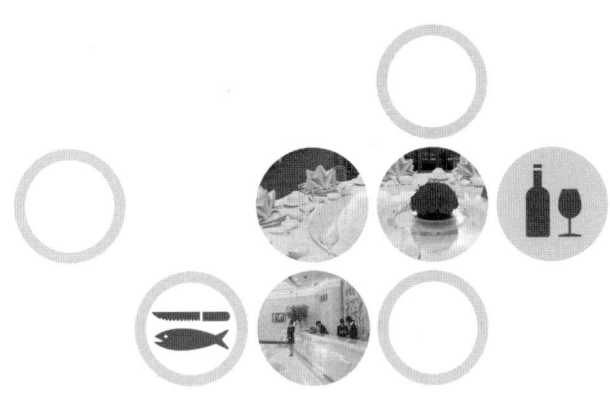

第二章

什么是六常管理

一、六常≠五常+一常

1. 六常管理与其他管理方法有何不同

在展示六常管理的全貌之前,有几个概念需要先向大家介绍一下。概括而言,酒店六常管理的六常就是常分类、常整理、常清洁、常维护、常规范和常教育。

常分类,就是把酒店管理的所有物品分成两类:一类是不再用了的,另一类是还要用的。

常整理,就是把不用的物品清理掉;把还要用的物品数量降至最低安全用量,然后井然有序地摆放,并贴上让人一看就能明白的标签。

常清洁,就是整理完后就要给物品、设施做清洁工作。

常维护,就是对前面三常的成果经常进行维护。维护三常的最好办法就是,做到不用分类的分类、不用整理的整理、不用清洁的清洁,以及定期维护设备设施。有的读者可能会问什么叫"不用清洁的清洁"?比如说我们指甲长了需要剪指甲,剪完了以后往往满地都是指甲屑,需要打扫,因为指甲刀的侧面是漏的。于是,有人发明了一种边上封口的指甲刀，人们剪指甲时，剪掉的指甲屑都掉在了指甲刀的封口里，剪完后只要把封口打开，将指甲屑倒入垃圾桶，就不用再扫地了。联系到酒店管理，有很多地方也需要减少这种不必要的重复性劳动，就是要做到不会弄脏的清洁，就叫"不用清洁的清洁"。还有就是对酒店设备经常维护以延长其使用寿命，方便员工操作。

常规范，就是要把员工的一切行为用"傻瓜模式"规范起来。

常教育，就是通过批评教育，使全体员工对六常养成习惯。

有读者朋友可能会认为，六常就是五常（5S）再加一常。其实，这种理解是不对的。

5S是日本企业在20世纪50年代所形成的一种独特的管理方法。其目的是让工作场所的工具摆放有序，提高工作的安全性及效率，降低产品的不良率，其更多被运用在生产制造型的企业中。近些年来，5S因为简单有效、操作方便，所以也被广泛运用到了工厂、医院、酒店等组织中。

对于六常管理而言，5S、6T等方法只相当于"一代六常"，就是搞卫生、贴标签，以杜绝"垃圾"厨房。"二代六常"即"傻瓜模式"，就是把酒店每个岗位的所有行为规范通过"傻瓜模式"表现出来，打造标准化服务、标准化菜品和超国家标准的安全体系的放心餐饮店，最终让客人认准实施到六常管理的酒店用餐。"三代六常"是一套从战略到执行的酒店盈利模式，通过制定战略与执行体系铸造酒店行业领袖。"四代六常"则重点关注厨房空间利用和流线改造。

99%导入六常管理的酒店总经理都会说，六常管理让他们的酒店发生了翻天覆地的变化。

2. 六常管理是否有效，我说了不算

有人说图 2-1 所示的根本就是超市的货架嘛，其实不然，它是餐饮店的仓库。实施六常管理之后，所有的物品摆放整齐、井然有序。而我们的目标就是让员工能够在 30 秒钟之内准确找到自己想要的东西。

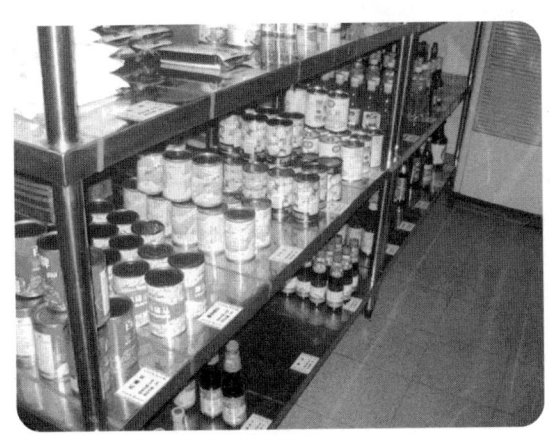

图 2-1　餐饮店的仓库

实施六常管理的酒店厨房灶台，没有一点油烟，真正做到了一尘不染。在这样的环境里工作，员工会觉得不舒心吗？

图 2-2　一尘不染的灶台

这台散热器干净整洁的冰柜比前面提到的那台使用寿命延长了四五年,所以花点小钱做保养就是投资,很合算!花这些钱总比新买一台冰柜要划算得多,现在冰柜虽然并不那么昂贵,但省下来的每一分都是纯利呀!

图2-3 干净整洁的冰柜

实施六常管理之后,看到这样的工具摆放,厨师们还会因找不到要用的工具去骂小工吗?小工们还需要浪费时间去寻找吗?整体效率上来了,酒店又岂会不挣钱呢?

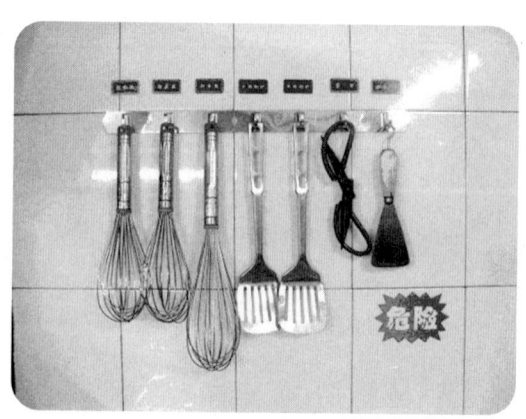

图2-4 整齐有序的厨具

二、酒店六常管理能够做什么

1. 酒店六常管理是衡量酒店管理好坏的标准

六常管理是衡量酒店管理好坏的标准之一。这个标准有的是用具体量化的数字来说明的，比如说物品存货都有最高存量、最低存量，冰柜的温度冷藏是 1~5℃，冷冻是 –10~–5℃，电器开关时间是几点到几点，等等；有的标准则是属于需要"先知先觉"的，甚至在酒店装修之初就设计好，以后便不会再出现问题了。

3秒钟找到的开瓶器

随着顾客对于饮食品质要求的不断提升，酒店里喝红酒的客人越来越多，也就有更多的机会用到红酒开瓶器。一些酒店对这个不起眼的小物件准备不足，发现不够用就去买一大批，但因管理不善，久而久之都找不到了，不得已又去买一批。可常常在清理库房时又发现了原先没用完的那一批，于是，一个有二三十个包间的酒店，却有将近50个红酒开瓶器。也许这种浪费不算是什么大钱，可除了开瓶器，别的浪费呢？更重要的是，如果服务人员都挨个包间去找开瓶器，客人会心平气和地在包间里等吗？到最后不投诉才怪！

看看这家酒店每个包间里的餐具柜（见图2-5），你会找不到红酒开瓶器吗？而这个柜子的制作是在装修时就已经提出了具体要求的，服务员用起来也会觉得非常顺手。

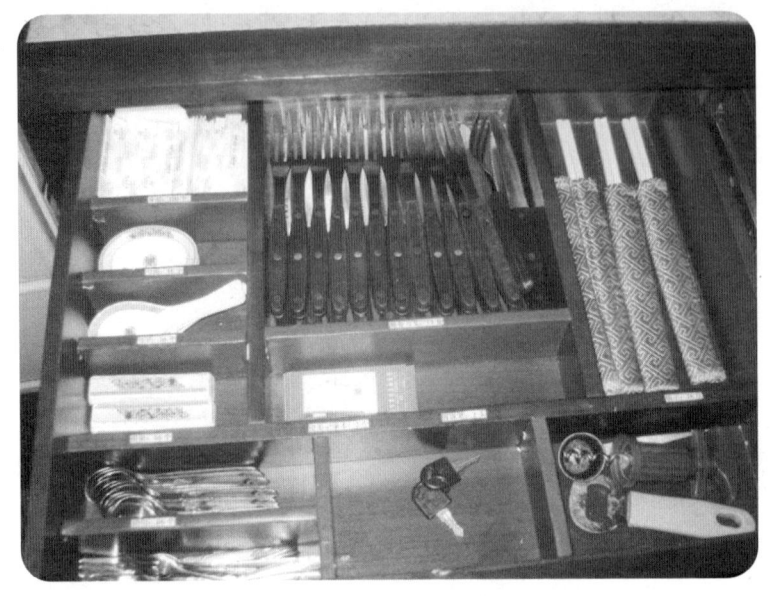

图 2-5　整齐的餐具柜

2. 酒店六常管理是一套方法和步骤

　　酒店管理的标准清楚了，怎样才能切实实行呢？这就需要一套能达到这些标准的方法和步骤。六常管理体系中所谈论的方法与步骤都是告诉大家怎么做——第一步怎样，第二步如何……非常具体和实用，并省去了许多酒店经理和员工不需要了解的原理，完全就像一台"傻瓜相机"。最终效果就是即便新员工也能在最短时间内达到标准和要求，方法和步骤简单到你看过之后都不好意思再跟领导说自己不会了。

　　例如，大家都在说节能降耗，可是具体怎么做呢？图 2-6 中就直接标明了开关时间、负责人等信息，这些不但是六常管理的标准，也是节能降耗可以实际操作的步骤。

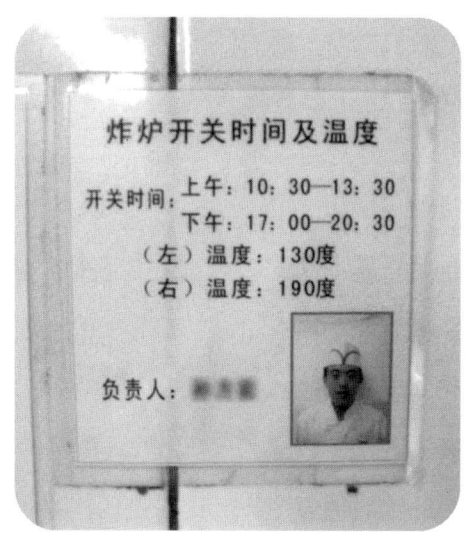

图 2-6　开关标牌

3. 酒店六常管理将酒店与餐馆的优势相结合

酒店的优势是什么呢？一般来说，正规的酒店都有一套健全的规范，员工按照这套规范工作，一切显得井然有序。可这个优势往往也是酒店经营的弱势，因为有了一个固定模式，就不太容易因应市场而快速灵活地变化，因此酒店餐饮部的生意往往竞争不过社会餐馆。更重要的是，酒店的管理还会因为过于模式化，导致整个流程并非"严丝合缝"，有些小的管理漏洞很可能造成巨大的问题。

杭州某三星级酒店，一位刚大学毕业的女孩到服务总台的账台工作两年以后，被查出侵占资金 13 万元人民币。该女孩原以为从电脑中删除这些账目就没人会发现，想不到电脑终端机并没有删除记录。结果当电脑系统出现故障时，酒店请来的电脑维修工程师发现了这些被非法删除的账单。出现这种问题，虽说这位员工本身有不可推卸的责任，但更大的责任还是在酒店。因为它的管理模式十年不变，让一些人钻了管理方面的漏洞。

社会餐馆的优势正在于灵活应变，能很快适应瞬息万变的市场。但这种灵活应变的优势在管理上却成了弱势，因为变化太快会使员工无所适从，每天不知道自己该做什么。

所以说，优势往往就是弱势，弱势也会成为优势。酒店六常管理则做到了酒店与餐馆的优势互补。我们强调：酒店管理要有一定的模式，但绝对不是固定不变的，应随着市场的变化适时应变。在相对变化的管理模式中，员工有意无意挖洞钻空子的机会将会很小，一个"洞"还没挖通，酒店已根据实际情况变换了另一个模式，他们得不断适应新的模式与环境，也就永远都无法挖成"洞"了。

4. 酒店六常管理扫清了员工与客户的沟通障碍

有很多酒店管理人员会刻意表示自己是酒店管理专家，并且在别人面前为了显示自己很专业，总会很炫耀地说："我是酒店管理专业毕业，从事酒店管理工作20多年，现在正在攻读相关专业的研究生……"可实际上我们却发现：越是专业的东西越不容易被人理解。我刚进入酒店行业做服务员的时候，就发现当时酒店使用的许多专业词汇，虽然显得很专业，但客人理解起来很困难。例如"做夜床"，意思是傍晚五六点钟客人去吃饭时，服务人员应对客人的房间进行整理，以便于客人夜间休息。但服务人员在用这些专业词汇与客人沟通时，客人却无法听懂，甚至极易产生误会。

一天晚上，当服务员敲一间客房的门时，客人开门问有什么事。服务员回答说："先生，我帮您做一下'夜床'行吗？"客人一脸疑惑地说："你说什么，我听不懂！"服务员很快反应过来：自己讲的话太专业了，客人听不懂。于是马上改口说："我的意思是把您房间的卫生间清理清理，把您的床铺好、窗帘拉好，以便于您休息……"客人终于听懂了服务员的话，连忙摇手说："谢谢！不用，不用。"

衡量一个人是不是酒店管理专家的标准之一，不是看他懂的专业知识有多少，以及从事酒店管理工作的时间有多长，而是看他是否有能力把复杂深刻的管理知识转化成为通俗易懂的语言及简单易操作的方法，并在酒店里有效地实施。

像下面这些专业词汇，你在六常管理里面绝对看不到，相应的会是一些通俗的表述方式。

表2-1　专业词汇与六常管理描述对比表

专业词汇	六常管理描述
做夜床	晚间整理
沽清	卖完了
埋单	结账

5. 酒店六常管理带来的是由内而外的改变

（1）进行科学决策与管理。

很多酒店老板或老总喜欢说"我想""我认为""大概""可能"，

这些词语都成了他们的口头禅，因为这么说可以不用承担责任了。比如，下属问："王总，这样做行吗？"王总说："也许行。"下属就去做了。如果做完了以后情况很糟糕，下属说是按照王总的指示去做的，王总就会说："怎么可能？我说的是'也许行'，难道你没有脑子吗？"一些人从不说精确的话，表达模棱两可，让人难以捉摸，是为了便于推卸责任。

我们一直认为，酒店管理不仅是一门"艺术"，更是一门"科学"。什么时候酒店管理是艺术？答案是，在管人的时候。我们先从什么是"艺术"谈起，"艺术"是可以陶冶人的情操，能给人以享受的东西，但也可能是连艺术家自己也说不清楚、写不出来，别人很难模仿和复制的东西。比如说，著名画家的画绝对是"艺术"，第一，它能给人以美的享受；第二，名画往往是不能被完全模仿和复制的，即使仿出来的也是赝品，没有太高的价值，甚至同一个画家在不同时间，都不能画出同一幅作品。

我购买收藏了中国美术学院一位著名教授的一幅画。后来，这位教授居然要以双倍的价格回收此画。我十分不理解，于是就说："教授，你自己再画一幅不就可以了？"他说："你不懂，那幅画是我三年前画的，是在当时的心情、当时的水平、当时的理解下画出来的作品。而今天我肯定不能以那个时候的状态再画出同样的作品来了。"

有人可能会问：既然"艺术"说不清道不明，为什么很多老师讲课的时候却强调自己讲的是"艺术"呢？其实从某种意义上来说，凡是讲出来的其实都已经不再是"艺术",而应该算是"技术"了。因此,一般人学到的往往也都只是"技术",而人们通常认为"技术"是相对比较简单的。即使就"技术"而言,如果一个人学了"技术"后不会灵活运用,只是一味生搬硬套,还是会到处碰壁的,反过来还可能怪老师没教好。其实,这并不完全是因为老师教得不好,而是学生自己不会活学活用。一个人要想真正灵活运用自己学到的"技术",就应该不断地实践,并在实践中根据时间、人物、地点、事件的变化做出相应的变化,最后才能做到出神入化、随机应变,自然也就达到了"艺术"的境界。

在酒店管理中,管人的方法也应该随时间、地点、人物、事件的不断变化而变化,所以我们说酒店管理中的管人是非常个性化的,没有一般的、统一的标准,这才是"艺术",如果生搬硬套,那顶多只能算是"技术"。

当然,酒店管理更是一门科学。所谓"科学",就是严格按照一套程序、流程、规范、标准来做,不管是谁,只要按照规定的程序、方法和步骤做,都会得到同样的结果。因此,"科学"来不得半点变化,不能随意,这与我们许多管理者喜欢随意而为的做法是格格不入的。我们认为,传统的酒店管理不缺"艺术",只缺"科学"。

酒店六常管理就是一整套科学的程序、步骤与方法。它绝对不是艺术,不能模模糊糊,不能随意改变,管理人员和员工只要按照规定做就是最好的。只有全部规定都做好了,才允许有更多的创新和变化。

酒店六常管理改变了酒店管理者以"我认为""我想""大概""可能"等含糊其辞的话语进行决策与管理的传统方法,而是强调要用数字和报表来说明问题。比如,客房室内的温度是多少度,要把准确数字写出来，不要说大概多少，更不要说使人舒服的温度就可以了；卫生间的清洁程度要达到无异味、无污垢、无水迹，不要说"你看着办就行了"；等等。我们总希望酒店管理要追求卓越，也喜欢动不动就喊口号，酒店六常管理则以具体的、量化的数字来说明，你会发现口号不再是空洞的东西，而是有具体方法和路径的可实现的目标。

（2）管理不是老板一个人的事。

酒店管理的传统观念认为，管理只是高层的事，与一般服务人员无关。比如，在做ISO质量管理认证时，很多酒店都是让办公室主任带两个助手，关在办公室里做好相关材料，认证通过了，便将这些辛辛苦苦做出来的文件资料锁在柜子里，就算完事大吉。所以，很多酒店虽已经通过了认证，但一般服务人员却都不知道ISO质量管理体系究竟是什么。即使是稍好一些的酒店，也是由办公室将文件资料做好了之后自上而下传达一下，由于一般服务人员并不理解，所以在落实过程中也无法真正贯彻到位。

酒店六常管理则完全不同，它强调酒店管理必须是一个全员参与的过程。具体做法是，首先让所有的员工都参加酒店六常管理的培训，再让其自己动手按照六常标准一步步去实施，这样的酒店六常管理才能收到良好的效果。如果仅是酒店高层管理人员接受了培训，他们回去之后并不培训全体员工，员工就会不理解、不支持、不配合，酒店六常管理也就无法真正落实。因此，酒店六常管理一定是全员参与，自下而上去实施的。

（3）傻瓜式管理理念。

傻瓜相机刚在国内市场上出现的时候，大家对其充满了好奇和迷恋。因为傻瓜相机易学易操作，无论是老人还是小孩，一学就会，而且拍摄出来的照片效果还让人挺满意。

酒店六常管理也是这样一种傻瓜式的管理方法。当然，我们并不是说把酒店的员工看作傻瓜，而是说这套管理方法简单明了、容易操作、一学就会。更重要的是，实施六常管理之后，酒店管理的效果是令人满意的，酒店各方面的效益增长也会是显著的。

简单的傻瓜式管理

> 嘉兴太阳城大酒店在实施酒店六常管理后，董事长卫飞翔先生在酒店会议上说："酒店六常管理，操作方法简单明确，文化程度低的员工也能做得很好。"
>
> 浙江海宁龙祥大酒店、海外不夜城大酒店、南北湖桃源山庄董事长王平则说："酒店六常管理相对于其他的管理方法来说，在短期内易学易懂，员工学习两天就可以掌握。这也是我们酒店在尝试过很多方式、方法之后，找到的一个最佳管理方案。"

有的老板会说："如果我做完六常管理培训，员工就走了，那我岂不是给别人做嫁衣了？"其实根据我们的统计，有员工在习惯了采用六常管理的酒店的工作后，到其他酒店往往受不了其管理不规范，又回到了原来的酒店。所以，六常管理不仅可以把管理变得"傻瓜模式化"，还可以让员工，尤其是优秀员工留下来。

（4）客户的需要才是服务的方向。

改革开放以来，中国酒店宾馆业的服务理念变化很快。以前，酒店管理的理念是要"满足客人需求"。什么叫满足客人需求？就是不管客人提出什么要求，酒店都应予以满足，做到让客人满意，让客人开心。但实际上，一部分酒店在这方面有所欠缺，酒店人员也缺乏最基本的服务意识。

到底是谁在吃饭

有一次在沈阳一家湖南风味的酒店吃饭时，我对服务员说："我吃不了辣的，千万别在菜里放辣椒。"服务员笑得甜甜地说："先生，这个菜如果不放辣，那还叫菜吗？"我只好苦笑着说："小姑娘，那这个菜是你吃，还是我吃呢？"

客人是消费者，如果酒店连客人最起码的要求都满足不了，客人肯定会换另一家酒店消费的。现在许多酒店已进入了全新的服务理念时代——"超出客户的期望值"。比如，很多酒店都建立了客户档案，当重要客人或酒店常客进入酒店时，从大堂门童、总台服务小姐到餐饮服务员，他们见到客人时都会用"姓＋职位"来称呼客人，给客人一份"尊重"，而这恰恰也是客人最大的"惊喜"。

惊喜

有位客人晚上7点到某酒店，一进门漂亮的迎宾员就说："王老师，您是来度假的吧！我带您到贵宾室休息一下，我们马上为您提供风景最好的房间。"这种服务让王老师既吃惊又感动，这就是"超出客户的期望"。所以王老师很感动地说："下次再来这个城市一定还到这家酒店消费。"

除了上面的做法，给客户惊喜的方法还有很多。例如，一次有家培训公司安排我入住某酒店，酒店董事长知道后，不仅亲自接待我，还给我更换了酒店最好的套房。当我用餐后回到房间，进入洗手间时，发现我摆放在台面上的跟随我多年的洗漱用品收纳袋已经被换成一模一样的全新袋子了，边上还留有一张服务员的小纸条："尊敬的邵老师，我发现您的袋子已经破了，所以就自作主张给您换成新的了，请原谅！如有不妥或还有其他服务要求，请随时致电服务中心。"当时我感动极了，因为这个袋子跟我出差五六年，早就破了，只是我一直没有时间换。而这五六年间，我住过多少家酒店？每家酒店都会把我当贵宾接待，却从没有一家酒店把我的破袋子换成新的，只有这一家。

然而，这样的服务理念现在已不算新鲜了，有一种服务理念是把客户变成"fans"，也就是"粉丝"。当客户变成酒店的"fans"的时候，生意就好做了。因为这样酒店提供什么样的客房，他们就住什么样的客房，酒店做出什么样的菜，客人就吃什么样的菜，甚至酒店采用什么样的管理模式，客人也会主动地接受和学习什么样的管理模式。我并不是鼓吹服务理念越新越好，而是希望餐饮管理者能够根据自己酒店的市场定位，尽快找到一种最适合自己的管理方式或系统。因为同行都在不断地改变与进步，如果我们现在不去主动调整，等到市场逼着我们不得不调整的时候，情况又将会是什么样子呢？

洋快餐的"fans"经

某一年，肯德基在北京为中式快餐店老板们免费举办了"怎样做好快餐连锁经营"的培训活动。在培训活动中，培训师毫无保留地将肯德基的管理秘诀告诉大家。当时还有很多中国餐饮业的老板都不太理解：肯德基把秘诀教给我们，不是在培养竞争对手吗？他们不是在自找麻烦吗？

但结果是，肯德基越开越好。因为我们许多中国快餐老板正竭力让自己成为肯德基的"fans"：他们做什么，怎么做，都是在向肯德基学习。于是，肯德基在无形之中培养了大批忠诚的客户。

世界500强企业中的许多企业开班，免费培训中国学员，教中国老板怎么做企业。其实，他们就是在通过培养"fans"，来培养自己的忠诚客户群。

把酒店的优势变成客人所需

浙江嘉兴金悦大酒楼实施酒店六常管理之后，酒店领导邀请客人参观厨房。这些客人很多是大企业的老板和老总，他们在参观时说："不看不知道，一看吓一跳，想不到金悦的厨房管理这么好！"接着，客人就会问："你们为什么做得这么好？"于是酒店领导介绍说："因为我们实施了酒店六常管理。"客户马上就说："我们也想采用，可以吗？"

这就是金悦大酒楼把客户变成他们的"fans"的办法之一，他们充分地把自己的优势和经营的特点转化为客户的潜在需求。只要这个点抓住了，这批客人的生意自然也就非常好做了。

三、六常管理凭什么能为酒店带来利润

1. 六常管理为企业的利润"开源"

衡量管理者是否优秀的因素，除了他的专业度，企业的实际"利润"也是其一。在酒店运营过程中，我们可以用"利润"的标准来衡量一件事情是否值得去做：不能为酒店带来利润，甚至有损酒店利润的事，我们当然不做；在不影响正确价值观及社会道德的前提下，能为酒店带来利润的事（不管是直接利润还是间接利润），我们当然要去做。

实施六常管理的酒店的内部考核，除了利润指标，还有毛利率、出租率、物耗、能耗等财务指标，以及业务流程指标、员工学习与发展指标、客户满意度指标、设施设备保养指标等。因此，六常管理不仅能提升酒店的整体管理水平，还能为酒店带来丰厚的利润。

如果我们把"利润"的范围扩大来思考，就不难发现，这个利润其实包含经济效益和社会效益。尤其是后者，如果在这一层面运作得当，所带来的利润将是非常可观的。下面就给大家介绍两个酒店"开源"的途径，算是抛砖引玉了。

（1）把"挤出来"的空间租出去。

一般的餐饮企业，空间都比较拥挤。如果能实施酒店六常管理，酒店不仅可以合理使用空间，还可以将多余的空间出租，以增加酒店的经济效益。很多老板会充满疑惑地说："我自己的库房都不够用，怎么可能还有往外出租的空间？"其实，很多空间都被我们在无形中浪费掉了。比如，你的库房是否考虑过用架子的方式，把以前平铺在地面上的物品立体放置，以提高空间利用率；你的餐饮店里是否有其他

机构所关心的广告位（类似有些酒店厕所里的传媒广告等）可用于增加收入；你最有价值的空间是否都发挥出了最大的价值。下面的酒店就通过这个思路找到了租赁的盈利方式。

当包租公的龙祥酒店

浙江海宁龙祥大酒店在实施酒店六常管理过程中，发现有一个地下室一直堆放着杂物，里面乱七八糟的，什么都有。通过六常中的常整理，该酒店竟然腾出一个近千平方米的空间。在简单装修之后，酒店把一楼黄金地段的仓库、办公室等全部移到了地下室，而将一楼空余出来的空间用于对外出租。从而，酒店获得了数额可观的经济效益。

所以说，有的时候空间是"挤出来"的。想想看，你的酒店里都有哪些空间是可以"挤出来"用的？对于这个问题最有发言权的，往往并不是老板，而是员工。发动他们的力量，并对合适的建议给予奖励，你将发现能"挤出来"的空间会越来越多。

（2）把厨房门口的牌子从"谢绝入内"改为"欢迎参观"。

我们去吃法式大餐时，发现它的餐厅中间就是厨房；去吃日本料理时，发现它的厨房也是开放式的。为什么中式餐厅就不能开放厨房呢？原因之一就是中餐的制作过程中往往产生不少油烟，以致厨房比较脏。厨房那么脏，如果开放，给客人留下不好的印象，谁还敢前来吃饭？实施了酒店六常管理以后，厨房不再是环境肮脏零乱，地板又湿又滑，连酒店管理人员也不愿进的"禁区"，反而是一个酒店最值得骄傲和自豪的地方，甚至是一个可以完全开放、供客人参观学习的"亮点"。你的员工在这样一个经常被大家参观并啧啧称赞的地方工作，那种自豪感简直要爆棚了。而不断有客人前来参观，反过来也能促使员工做得更好，可谓一举数得。酒店的社会效益提升了，经济效益还用发愁吗？

六常管理提升酒店地位

浙江某酒店实施酒店六常管理后不久，张总经理便请当地卫生监督部门的领导前来参观检查。领导们对酒店的厨房卫生环境非常满意，在赞不绝口的同时，马上安排当地各大酒店前来借鉴学习。结果卫生监督部门先后组织了30多家酒店的老板、老总来参观。张总在当地酒店餐饮业的地位自然就提升了，并被选为当地酒店业协会的副会长。

把厨房变成酒店的名片

浙江某大酒楼实施酒店六常管理后，便推出了开放式厨房项目。在短短的8个月内，开放式厨房已经接待了2000多名参观者。许多人看了厨房的卫生情况以后，都不由得赞叹：没想到中餐的后厨也能如此干净！这些对酒楼认可的消费者，通过口口相传也为酒楼带来了更多的顾客。

很多酒店因为管理的便捷或保密原因并不愿意完全开放厨房，所以目前一些酒店出现了半开放式厨房。所谓半开放，就是通过玻璃将厨房操作区与顾客就餐区隔开，顾客虽然无法进入操作区，但可以看到菜品操作过程，对饭菜的质量与卫生也就更加放心。如图2-7、图2-8所示。

图2-7　山东某酒店的半开放式厨房

图2-8　嘉兴某国际酒店的半开放式厨房

2. 六常管理为企业的费用"节流"

（1）降低水、电费用。

酒店六常管理的实施，可以从根本上杜绝酒店的"电灯无人管、自来水无人关、空调无人修"等现象的发生，节约水、电、气等费用，从而降低酒店的成本。

节约的思路千万种

浙江某大酒楼实施了酒店六常管理之后，每月节约能源开支达万元以上。比如，煤气费每月节约2000元左右；以前厨房的地面每天需要冲洗两次，现在每10天冲洗一次就可以了，不仅节约了大量水费，还降低了员工的劳动强度；而灯具、空调等电器设备，由于做到及时开关、按时维修保养，同样节约了大量的电费。

（2）提高工作效率。

实施酒店六常管理之前，许多酒店由于物品随意摆放，员工需要花费大量时间寻找自己所需的东西，工作效率十分低下。在实施酒店六常管理之后，由于物品分类存放，同时有标记和存量记录，员工可以很快在井然有序的货架上找到相关物品，大大节约了时间成本，也提高了工作效率。我们的标准就是"用30秒找到你想要的东西"。

（3）减少物品积压。

在目前的市场情况下，餐饮企业的利润率越来越低，所以要尽可能地减少资金的占用。而物品的大量积压是很多酒店管理者还没有意识到的问题，究其原因是他们没有考虑到把这部分被占用的资金投入现金流所获得的利润。有的酒店积压资金能够达到几十万甚至上百万元。所以，尽量减少物品积压是很有必要的。

管理者也许常会听到财务人员反映：有时为了找一样东西要翻大半个仓库；有的东西明明账上有，但就是找不到，等到不用的时候又出来了，以至于物品重复申购，且物品无最高、最低存量限制，申购无限制，造成了物品的闲置、资金的积压，很不利于财务管理。

其实，酒店六常管理就可以解决这些问题。除了后厨，它在仓库管理方面的优势也能发挥得淋漓尽致。有一家酒店的员工先从分类、整理开始，不用的东西，该处理的处理，该变卖的变卖。物品分门别类存放，做到每一件物品有家、有名、有存量。在整理过后，仓库彻底改头换面了。以前仓库的物品一眼望不到边，餐厅厨房只要不用的东西全都退到仓库，仓库有点像废品回收站。现在通过六常管理，走进仓库甚至会有进超市的感觉：以前找一件东西平均要用 5 分钟，现在只要 30 秒钟就可以找到了；以前物品无限制地申购，现在仓库有最高和最低存量的限制，再加上严格的申购程序，物品的积压问题也解决了。

（4）杜绝酒店浪费。

很多老板并不知道，酒店的浪费现象是非常严重的。直至他们到了现场，看到积压、变质、过期的库存物品之后才发现，他们的原材料、调料等各类物品存在着大量的浪费现象。其实酒店短期之内根本用不了那么多材料，却一下子买了很多，这种浪费的主要原因是厨师长、采购员采购的时候没有计划、没有标准，随意采购，以至于东西买回来后因搁置时间过长而变质，甚至被忘记而浪费了。有的酒店老板问我,他们的毛利怎么上不去,结果发现全在库存里面了。酒店库存大并不是好事,库存要合理。有些酒店晚上结束时,冰箱里都是空荡荡的,初加工的蔬菜基本上都卖完了,这就是好的管理。我们酒店为什么没有这方面的制约和管理呢?因为老板把这摊子事交给厨师长了,厨师长想买多少就买多少,采购员更是不可能到厨房去检查冰箱库存的,东西买回来就往冰箱里扔,到后来实在不能用了,厨师长就把它处理掉,反正老板也不清楚,食材就这样被浪费了。酒店实施六常管理以后,东西不能乱买了,采购都要有计划,什么客情买多少,不再是凭经验,而是凭标准,这样的话,库存就能降到最低,毛利就提到了最高。六常管理落地后,酒店厨房甚至连一个包子都不会被浪费,因为包子都是有数的,今天加工了多少包子,卖了多少包子,还剩下多少包子,晚上都要盘点出来,再也不会出现包子随便吃、没人管的现象,杜绝了浪费。

所以我认为,实施酒店六常管理其实是酒店整体管理水平的一次大提升。它不仅可以通过开源节流,达到增加酒店经营利润的目的,更可以全面提升服务形象,提高酒店经营的社会效益。

四、你有过这三个问题吗

希尔顿、喜来登、麦当劳和肯德基等企业经营已有50年、100年的历史了,它们的连锁店不仅越开越多,而且越开名声越响,生意也越来越红火;而不少中式酒店、餐馆的平均寿命一般只有几年。

经过多年的研究和总结,我终于发现了其中的三个原因,也就是我们下面要探讨的三个"为什么"。

1. 为什么国际品牌酒店不需要实施六常管理

江苏某酒楼的老板不仅聘请我做酒店顾问,还请我做他的私人顾问。有一次,该酒店老板对我抱怨说:"邵老师,到底是我倒霉,还是我运气不好?"我就问他:"怎么说呢?"老板说:"我酒楼的总经理,请一个失败一个,一年换三四个总经理,怎么回事?"我说:"既然总请不好,你为什么不事先考察一下,确认他有能力再聘请他来?"老板接着说道:"我每次都会先考察。比如之前聘请一个总经理,朋友向我介绍说他是广州某酒楼的总经理,能力非常强。于是我就到广州的那家酒楼去吃饭,一看那家酒楼的档次比我的还要高,规模也比我的大,管理得非常好。我还问了那家酒楼的经理和员工,大家对这位总经理的评价都很高,我当然想尽办法把他挖了过来。可是请来不到三个月,我就发现自己看错人了,那位总经理根本没有我想的那么能干,我很失望,就让他走人了……所以就这样,我这家店的总经理是来一个换一个,一年要换三四个,你说是我运气不好,还是我自己有问题?"

我想了想说:"老板,我有一个请求,从现在开始我就跟着你,做你的影子。你走到哪儿我就跟到哪儿,你干什么我就看着,你就权当我不存在,平时怎么工作就怎么工作。也许这样我能给你提些很好的建议,你看行吗?"他很爽快地回答说:"行!"于是他开始"照常工作"了,一出办公室来到酒楼大堂的预订电话处,他看到正在接电话的迎宾服务员后,非常严厉地说:"这个桌子这么脏,东西放得这么乱,你怎么回事?"他说完就走了,一转身又走到海鲜区,看到一名员工正在那里养鱼,又过去将那位员工狠狠地训了一顿,说:"这里的虾全死光了,你没看见吗?"……

总之,老板是走到哪里就训到哪里,看到谁就训谁。如果采用这种管理方式,老板即使累死也不会有什么好的管理效果。他一离开,所有事情都会恢复原状,而部门经理们还会抱怨他闲着没事干,甚至心里暗暗骂道:"老板累死活该!"因为老板把经理们的工作权力都剥夺了。

那么,国际品牌酒店的总经理又是如何管理酒店的呢?一位曾经在国际假日酒店担任过中餐厨师长的朋友告诉我,当时他的总经理是位法国人,晚上9点,这位总经理就会到厨房来查岗。而在晚上9点,一般的国内酒店厨房里都会是怎样的情形呢?10个灶台、10个大厨,最多只有2个值班大厨在做菜,另外8个大厨干什么去了?他们在厨房外面打电话、吹牛、乘凉,因为此时酒店已经没有菜可做了!但是在国际品牌酒店,如果一个员工离岗后被领导发现,就会收到警告,第一次是警告,第二次是严重警告,第三次就会被开除了。比如说,如果总经理晚上9点来厨房查岗时,发现某厨师傻站着没事干,他不会当场责骂他,而是看一下他的工号牌——6号,然后就走了。这位厨师则会很紧张,因为他知道过不了多久就会有人找他。总经理首先会告诉餐饮总监:"晚上9点发现6号厨师没事干,给我写一份报告!"餐饮总监立即会紧张而恭敬地说:"我马上去处理!"餐饮总监为了保住自己的工作,会马上去处理的。这第一次是警告,如果他管理的部门中第二次发生同类情况,就是严重警告,第三次他就要走人了。所以,他会马上找到厨师长说:"晚上9点6号厨师没事干,给我写一份报告!"厨师长同样会紧张而恭敬地说:"是,我马上处理!"因为厨师长的情况也一样,这也是第一次警告,如果他管理的团队第二次发生同类情况，就是严重警告，第三次他也要走人了。因此，他马上找到厨房主管说："给我写一份报告！"这位厨房主管立刻就会找那个6号厨师。

总之，国际酒店的总经理发现员工犯了错误，自己并不直接处理，而是让餐饮总监去处理。餐饮总监又会找厨师长解决这个问题。总经理一句话，便可以使整个餐饮部不再出现同样的问题。各级管理人员都各司其职，这样老板也会很轻松。

一些中式酒店的老板为什么总是那么累？为什么总是这么忙？因为他把其他管理人员的工作权力给剥夺了，不管是自己该做或不该做的事情，统统事必躬亲。这种老板亲力亲为的管理方式，不仅无法调动员工的积极性，还扼杀了管理人员的创造性。晚上9点，酒店厨师明明没有菜可做了，却又不准串岗，傻站在岗位上也不行，那应该做什么呢？国际酒店的总经理就会说：酒店每天付你8小时工资，你就要工作8小时，晚上9点半才下班，你怎么能9点就站着不做事呢？没事干？灶台都擦干净了？那擦地面……厨师怎么会没事干呢？反正他们需要一直工作到晚上9点半下班为止。所以，国际品牌酒店的厨房即使没有实施六常管理，也十分干净整洁。六常管理在全国9个省份百余家酒店推广了，也造就了五六家五星级酒店，但是没有一家国际品牌酒店，因为它们已经达到自己想要的效果了。

2. 为什么不能说国内酒店员工的工资很低

国际品牌酒店员工的工资是多少？一般来说，像香格里拉这样的国际品牌酒店，员工的平均工资每月在5000元左右，享受双休日、法定假期，还有很多的福利，而且到了年终，至少能多得一个月或两个月的工资作为年终奖励。但在大部分国内民营酒店，员工的工资每月平均 3000 元左右就已经很不错了，福利也一般。

但在国际品牌酒店，服务员需要每天工作满 8 小时才能得到每月 5000 元的工资。我们国内酒店的员工每天工作多长时间呢？据了解，国内酒店的服务员一天上班 8 小时，而实际上每天客人高峰的时间最多只有两个小时：晚上一个半小时，中午半小时。其他时间基本就没事干了。我们国内酒店的员工一天工作两小时就拿 3000 元的月工资，如果这样换算一下：每天工作两小时 3000 元，那每天工作 8 小时月收入则是 12000 元，实际上远远高于国际品牌酒店员工的月工资。所以，我们不能再说"国内酒店员工的工资很低"这类话了。

事实上，大部分中式酒店员工都在抱怨工资太低。他们每天上班 8 小时，两小时高峰工作时间之后便没事干，怎么办？于是，他们只好没事找事了。因此，我们经常会发现这样一种现象：酒店生意越多，员工之间的矛盾越少；酒店生意越少，员工之间的矛盾往往会越多。

3. 为什么普通酒店收银员能做国际品牌酒店西餐主管

我认识一位原来在国内酒店工作的普通收银员，她跳槽到一家即将开业的四星级国际假日酒店。半年后，她居然成了这家国际假日酒店的一名西餐主管。我很好奇，于是就问她："你既不会做西餐，也不懂管理，怎么能成为西餐主管呢？"她十分兴奋地说："这个你就不知道了。我在假日酒店接受了整整半年的培训，他们教我怎么做西餐，教我怎么做主管，考试合格以后才升为西餐主管的，所以我当然没有问题了！"

"培"重在理论，"训"却重在操作。例如，培训员工学会"微笑"

服务，"培"只要3分钟。什么是微笑？很简单，拿一根筷子，平放在嘴巴上，然后照镜子，如果两边嘴角往下弯，表示不高兴，是哭脸；如果两边嘴角往上翘，就是微笑。当然，微笑得有个标准，如沃尔玛就规定：见了客人要面带微笑——请露出8颗牙齿。但我经过观察发现，微笑其实露出6~8颗牙齿时最美。这就是微笑的理论培训，也叫"培"。可是，要使10位员工都能做到标准的微笑，至少要训练3天，怎么"训"？每人发一面镜子，每位员工每天面对镜子笑，笑到自己认为最美为止。然后到领班那里进行考试，如果领班说可以了，员工再到经理那里考试；经理也说可以了，训练才算真正结束，以后员工见到每位客人微笑时都要按照这个标准去做。

正是通过这样的"培训"，这位做西餐主管的女孩一年以后又跳槽，做了当地一家五星级酒店的西餐厅经理，可见她做得很优秀。这就是培训的神奇力量。

但在大部分酒店中，员工往往是得不到培训的，即使培训也是只"培"而不"训"。有些酒店老板在新建大楼和硬件装修方面愿意花成百上千万元，但若要花点钱对员工进行培训，他们则是绝对不愿意的。

有一次，我建议一位投资几千万装修酒店的李总花一点钱对员工进行培训。李总笑眯眯地问我："邵老师，培训有什么用呀？"我回答说："经过培训，酒店的管理与服务更好了，客人就会排队来吃饭嘛！"李总十分奇怪地说："邵老师，我们酒店没有培训，客人也是排队才能吃到饭的，为什么还要培训？"

3个月后，该酒店的生意开始冷清下来。我再次建议李总对员工进行培训时，李总一脸尴尬，很严肃地说："邵老师，你看清楚，现在酒店连客人都没有，我拿什么来培训啊！"

其实，所有的人都喜欢新鲜事物，一旦有新酒店开张，当地人通常都会出于尝鲜的目的涌到那家酒店吃饭。因此，即使不经过培训，新开的酒店生意有时也会很好。但这种未经培训或培训不到位的酒店开张3个月后，生意大都会一落千丈。所以，我始终有个观点叫"3个月策略"。

什么叫"3个月策略"？很多老总会很担忧地说："邵老师，我店对面又有更大更新的酒店要开张，竞争激烈，我很担心自己店里的生意！"我说："没问题！我们就用3个月的时间打倒对手。"什么意思？我们知道，新开张的酒店在前3个月中往往培训不到位，管理也常常不到位，问题很多，而此时却正是客人最多的3个月。客人来吃饭时发现，这家酒店菜上不来，服务不好，连结账都很慢，甚至经常出错，客人就会说："唉！在这种店里怎么吃得好饭？还是回原来的酒店好！"老酒店在这3个月里，就要维持甚至提升原有服务水平，把新店比下去。这就是老酒店的"3个月策略"。

如果你是新酒店的老板，也要有自己的"3个月策略"，即用3个月打倒周围的老店！但前提是新店一定要在开张以前培训，一旦开张就能一切到位：一流的环境和设施、一流的服务、一流的菜肴，以及合理的价格，客人一来就会发现这家新店的环境设施好，菜肴服务更好，更关键的是价格合理。客人就会说："有这么好的酒店，我为什么还要到其他地方用餐呢？"这就是新酒店的"3个月策略"。

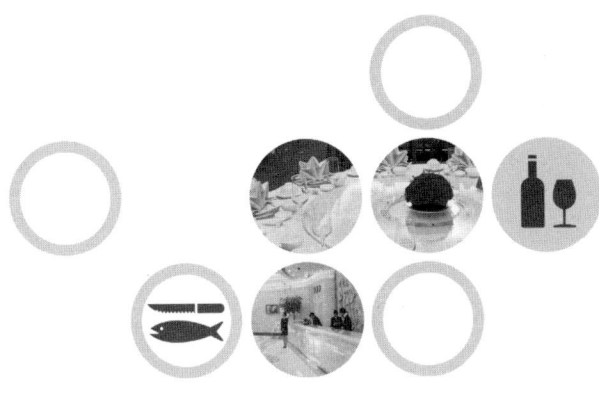

第三章
常分类——把能看到的物品都归类

一、根据使用频率来划分物品是否有用

六常里的第一常——常分类，即让所有的员工对自己使用的工具进行分类。分类的标准很简单，就是把这些物品分成有用的和没用的。

说它简单，因为它不是根据物品的属性去划分，而是将所有东西只分为两类：一类是不再用的，一类是还要用的。但它又不简单，因为有很多东西很难界定到底是有用还是没用，而有的物品一旦定为没用，老板又该心疼了。所以，酒店实施六常管理时，首先要确定物品有用和没用的标准，这也是对物品进行分类的关键。表3-1是某酒店物品要与不要的判断标准。

表3-1 物品要与不要的判断标准

真正需要	确实不要
1. 正常的机器设备、电器装置 2. 工作台、板凳、材料架 3. 台车、推车、拖车等	1. 地板上： ◆ 废纸、杂物、油污、灰尘、烟蒂 ◆ 不能或不再使用的机器设备、工装夹具

（续表）

真正需要	确实不要
4. 正常使用的工装夹具	◆ 不再使用的办公用品
5. 具有使用价值的消耗用品	◆ 破烂的图框、塑料箱、纸箱、垃圾桶
6. 原材料、半成品、成品和样品	◆ 呆滞料或过期品
7. 图框、防尘用品	2. 工作台或架子上：
8. 办公用品、文具	◆ 过时的文件资料、表单记录、书报杂志
9. 使用中的清洁工具、用品	◆ 多余的物品、材料，以及损坏的工具和样品
10. 各种有用的海报、看板	◆ 私人用品、破的压台玻璃、破椅子
11. 有用的文件资料、表单记录、书报杂志	3. 墙壁上：
	◆ 蜘蛛网、污渍
12. 其他必要的私人用品	◆ 过期和破旧的海报、看板
	◆ 破烂的信箱、意见箱、指示牌
	◆ 过时的挂历、损坏的时钟、没用的挂钉

对于物品要与不要的标准，因为各个酒店的档次和具体情况有所不同，可以根据自己店内的情况来制定。但这里有个问题是，有的物品使用频率并不高，很难以有用或无用来硬性划分，所以下面将为大家提供两个分类的小窍门。

二、办公用品如何分类

1. 倒推分类法

常分类的好处之一是可以找出闲置的资源，并且通过后面的管理方法将这些资源的价值充分发挥出来，尤其是一些与餐饮关联度不大的工作上或岗位上的工具。比如办公资料的分类，有很多资料我们不知道它们到底有用没用，那要怎么分呢？我们可以将所有的办公资料都贴上红标签，然后每用过一本就撕掉一个红标签。3个月后，发现

10本撕掉了红标签，10本没有撕掉红标签，就表示没有撕掉标签的资料3个月都没有用过。若一年之后还有3本没有撕掉红标签，就表示这3本资料一年没有用过了。这种方法就叫倒推分类法。酒店所有难以区分要与不要的物品，都可以用这个办法进行分类。

酒店不是KTV

有一家酒店在对其物品进行分类的过程中，找到了10多支麦克风，其中有几支是坏的，有几支是效果不好的，真正能用的只有4支。经过询问后得知，这家酒店与旅行社合作较为紧密，平时以接待旅游团为主，光这一项就已经忙不过来了。但老板又总想进入婚庆市场，所以特意买了麦克风，用于婚庆主持。可是每次买完后，放到仓库没过多久就找不到了，3年下来，就有了这10多支麦克风。对于坏了的麦克风，可直接按照没用进行分类，而对于那4支好的麦克风就需要用到倒推分类法了。在这4支麦克风上贴标签，并标明"××年××月××日封"的字样，然后入库留存。两年后发现，这4支麦克风中只有两个开了封条。有了这个方法，处理类似的物品就有了依据。有人问，万一真的有婚宴怎么办？解决这个问题很简单，酒店提供两支麦克风，不够的由婚庆公司解决即可。请记住，酒店不是KTV，与酒店功能定位不相符的工具应该尽量砍掉。

2. 一套工具分类法

在办公室里，桌上摆放的文具常常会有很多，仅铅笔就有四五支，整个办公桌显得乱糟糟的。对这些物品应怎么进行分类呢？我们可以将需要的工具或文具分出一套，包括一支铅笔、一支圆珠笔、一块橡皮等，然后将多余的物品全部退回仓库。通过这种分类方法，我们会发现有很多东西其实都是不再用的，工具或文具只要有一套就够了。也许，有的老板们会说，这点小钱不算啥，多备点存着呗！可是别忘了，除了办公用品和文具，工程部的工装夹具、服务员的清洁工具和用品、厨师用的厨具、炊具等，也都是需要用这个方法进行分类并清理的。如果这些物品都备有很多套，并且不少都在闲置中，你将会浪费多少钱？

◎ 财务部

图 3-1　财务部桌面的用品摆放

◎ 工程部

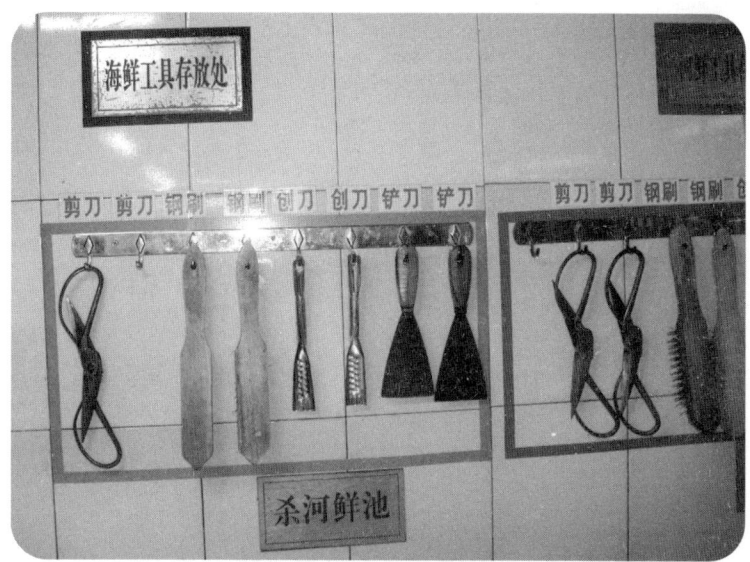

图3-2 工具分类摆放

图3-3 工具分区摆放

◎ 厨房

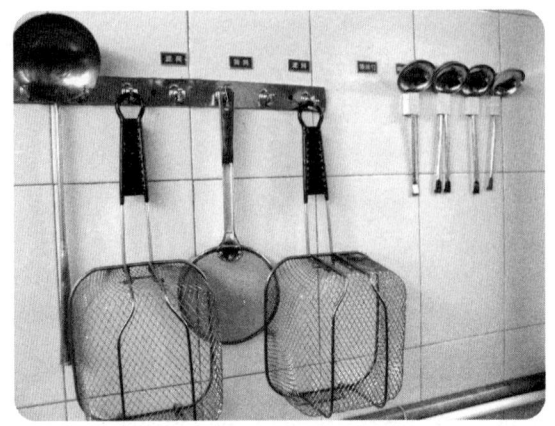

图 3-4 厨房餐具分类摆放

六常管理是在做形式吗

在中文的措辞中,"做形式"这个词通常会用来说一个人只做表面功夫,或者做一件事浅尝辄止,所以带有贬义。但在这里,我们要说六常管理里面的前三常就是在做形式。相信很多人都听说过海尔的 OEC 管理,通过这种管理方式,海尔的厂房、车间、生产线永远井井有条,物料丝毫不乱。不少人在参观过后都对其赞叹有加,海尔的人员却说:"这就是在做形式,但我们把形式做到了极致,并把它融入员工的血液,变成了他们的习惯。"从这个角度上来说,六常管理与 OEC 管理是类似的,六常管理通过做形式,让员工切身体会到这一方法对其工作带来的好处,同时不断监督和提醒。加之有宾客来参观,又进一步激发了这些员工内心的荣誉感和归属感,最终达到了六常管理的标准。所以说,六常管理就先从做形式开始吧!

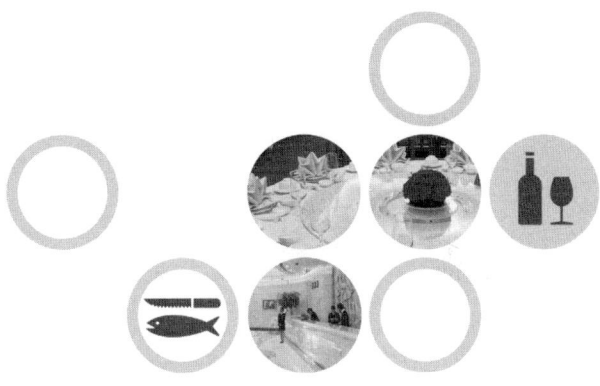

第四章
常整理——整理不是扔东西

常整理的意思是，将不再用的物品清理掉，把还要用的物品数量降至最低安全用量，然后摆放得井然有序，再贴上让人一看就能明白的标签。常整理的目的就是，保证任何人在 30 秒之内，都能将任意物品放进和取出。

一、划分物品存放的三个维度

1. 按照使用频率来分类

表 4-1 物品按使用时间分类存放表

序号	使用时间	保存地点
1	一年都不用的物品	丢掉或暂时存入仓库
2	7~12个月内要用的物品	保存在较远处
3	1~6个月内要用的物品	保存在中间位置
4	每日至每月都要用的物品	保存在使用地
5	每小时都要用的物品	随身携带

"一年都不用的物品，就要丢掉或暂时存入仓库"，这句话说起来容易，做起来却很难。因为有些东西乍看起来好像是没有用的，但说

不定丢掉后又要用，怎么办？

根据要与不要的分类标准，如果确实不需要的物品就丢掉。许多酒店的员工非常有趣，一听说扔东西，他们就很积极。下面我们就来看看某酒店服务中心丢掉的物品，想想其中有没有什么问题（见图4-1）。

图4-1　某酒店服务中心丢掉的物品

在"扔东西"之前，我们需要考虑几个问题：这些丢掉的东西是否可修复？如果按照现在的物品标准不能继续使用，那么其他人或其他地方（员工或兄弟公司）是否还可以使用？如果答案依旧是否定的，那么这些物品是否能在旧货市场变现？带着这几个问题，我们再看图4-1，不难发现，其实这些被丢弃的桌子、椅子，如果能修好还是可以再用的。修好后有些物品虽因为品相问题，在四星级酒店不能用了，但在集团公司里的三星级酒店、普通酒店还是可以使用的。确实没有价值了，还可以在旧货市场折价变卖，总之要物尽其用。如此，大家会发现这堆破烂其实是堆宝。

六常管理里的"丢掉"并不是随便丢弃，而是最大限度地体现其价值。还有些东西虽然还能用，但暂时不用了，卖又不值钱（比如前文提到的麦克风），万一要用的时候再去买，又是一笔开销。这类物品怎么办？我们应将它们暂时存入仓库。

这里还需要说明的是，酒店除了在规定上让员工养成常整理的习惯，还应为他们创造便于常整理的条件。例如表4–1中提到"每小时都要使用的物品，员工应随身携带"，餐饮服务员每小时都要用的是什么东西？开瓶器和笔。为什么服务员需要随身携带开瓶器和笔？这是便于服务员为客人提供及时、周到的服务。在这里我也要给酒店老板提个醒，在为服务员设计工作服的时候，就应该考虑一下统一放开瓶器和笔的地方，这样工作服会看起来美观而又方便实用。

体现酒店特色和"开源"相结合

我在三亚金棕榈度假酒店讲课时，发现服务员的工作服很别致，便在吃饭时问："林总，这里的服务员都挺漂亮的，特别是工作服很有特色：小姑娘都穿海南短袖短裙式的制服，而且背着一个很漂亮的小包，好像一般小姑娘逛街时会背的小包。为什么？"林总回答说："这个包就是专门用来放开瓶器和笔的，它也是海南少数民族手工刺绣的工艺品。如果客人看到觉得喜欢，还可以随时购买。"这相当于多了一个"开源"的渠道。

除了服装的特别设计，酒店管理者需要提前考虑的还有厨房的下水管道、包间的储物柜等。这些地方设计好，员工的常整理就会方便多了，也更利于实施管理。

2.按照物品高、中、低用量分别存放

我们不仅可以根据使用时间的长短来分类摆放物品,还可以根据用量的多少来分层摆放,这一方法的优势在仓库管理中的表现尤为明显。一般来说,摆在仓库货架中间部分的物品,保管员取用时是最方便的,因此,货架的中间部分就应存放用量最多的物品。

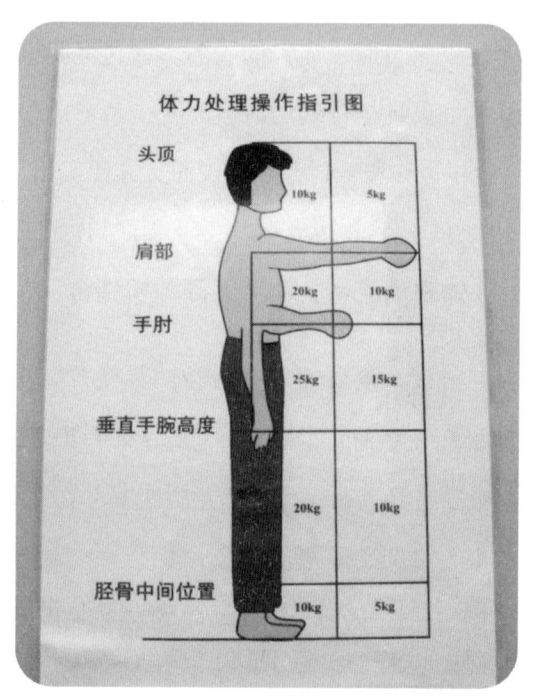

图 4-2　保管员体力处理操作指引图

相应地,拿起来不太方便的地方,就存放用量少一些的物品。半年才用一次的物品,就放在取用最不方便的货架顶部,这样保管员半年爬一次货架也没有关系。重量最大的一般放到货架底部,这样货架才更稳。综上所述,根据用量的多少来摆放物品,可以大大减少保管员的工作量。

3. 按照操作顺序放置

我们经过大量调研后发现，很多酒店的人力其实是冗余的。有的老板会说："我们现在的后厨一到饭点都忙不过来，还要我减员？"其实，这是因为有很多地方在重复劳作，完全可以通过减少员工数量，增加单次效率，来达到既减员又增效的目的。当然，酒店减员是科学，不是艺术，不是拍脑袋想当然就可以的。如果看到另外一家1000个餐位的酒店有60名厨师，就认为我们1000个餐位的酒店也设60名厨师就可以了，这就是盲目照搬、不切实际的做法。

那么，如何提高员工的单次效率呢？答案就是常整理。比如有道菜叫"炒什锦"，有荤菜鸡块、素菜青菜、调料菜大蒜或香菜。一般的酒店往往是在厨房的左边放荤菜冰柜，冰柜里放牛肉、羊肉、鸡肉等；右边货架上放青菜等蔬菜；后面货架上放调料菜。在为一份"炒什锦"配菜时，配菜师先要到左边冰柜取鸡块，再跑到右边货架取青菜，然后跑到后边取调料菜。酒店一个晚上卖掉30份"炒什锦"，一位配菜师可能就要来回跑30圈。而如果根据经验，酒店先估算一天能卖掉30份"炒什锦"，在备料时，配菜师就能将30份鸡块、30份青菜、30份调料菜，分别按操作顺序放在身边的菜台上。需要配菜时，配菜师可以直接在身边就地取材，而不用再来回跑了。这样，仅配菜环节就能大大降低员工的劳动量。如果每道菜都能这样做，厨房的配菜效率就会提高很多，本来需要10个配菜师，现在可能有8个就够了。反之，如果员工的劳动量不减少，工作效率不提高，只是一味强调要减员，就非常不切实际，也会影响日常运营，甚至把酒店老板害得很惨。所以，我们只有通过科学管理，才能实现酒店既减员又增效的目标。

或许有人会说:"我们饭店的招牌菜有10个,如果每道菜都要这样提前摆放,哪有那么多地方呀?"解决这个问题可以有两个思路:第一,把这10道菜里用得最多的配料放在最方便取用的地方;第二,在不同的时间段里,根据酒店自身定位和顾客构成比例的特点,让服务员有针对性地进行推荐,尽量让顾客在同一时间段里点相同的菜品。

把同一菜品的原料放在同一个货架上

浙江某大酒店娱乐部经理介绍说,原来做夜宵用的红豆、黑米、粉丝等都放在不同的仓库里,所以每天做夜宵时,需要3名员工来回跑,每名员工最后都会累得筋疲力尽。实施酒店六常管理之后,酒店把所有做夜宵所需的东西都摆在同一仓库的同一货架上,这样每天做夜宵时,仅1名员工就可以轻松应付了。

根据使用顺序进行工具摆放

很多酒店的生鲜宰杀区一直是地面水最多、异味最大的地方,其中有一个很大的原因就是,员工在操作过程中会把工具随意放置,使用时再寻找必然会把水溅到工作池外。比如在屠宰活鱼时,一般用到的工具是木槌、刮鳞器、剪刀,我们在经过如图4-3所示的顺序处理后,会在很大程度上减少水花外溅的次数,再配以具体的操作流程图用于规范,溅水的问题就大大缓解了。

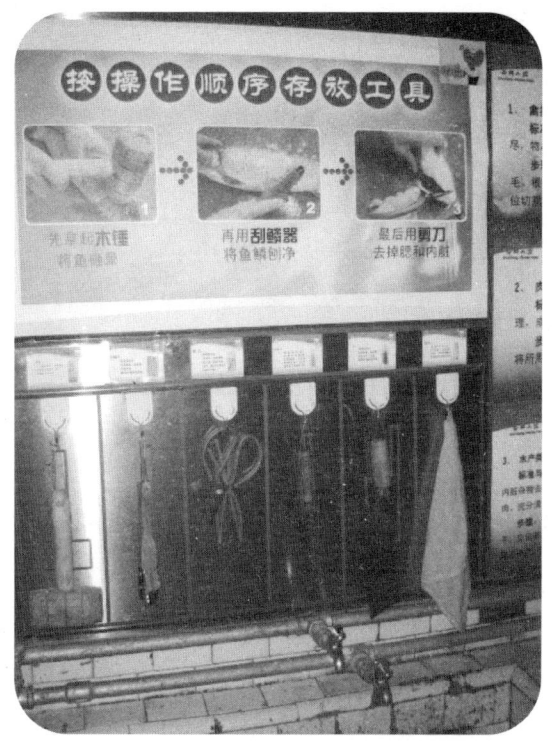

图 4-3 工具按流程顺序摆放

某酒店的洗碗间

图 4-4 是某酒店的洗碗间,你也许想象不到这个洗碗间只有 6 平方米。如果再告诉你这个洗碗间负责 1000 多人的餐具清洗工作,你是不是会感觉特别惊讶?原因很简单,这家酒店用了六常管理里面的常整理。他们将餐具的清洗消毒工作流程化,在餐具收进来后,一刮、二洗、三冲、四消毒、五保洁,且所有的设施全都为这个流程而服务。有了这样的流程设置,效率能不高吗?效率高了,人力成本自然就降下来了。

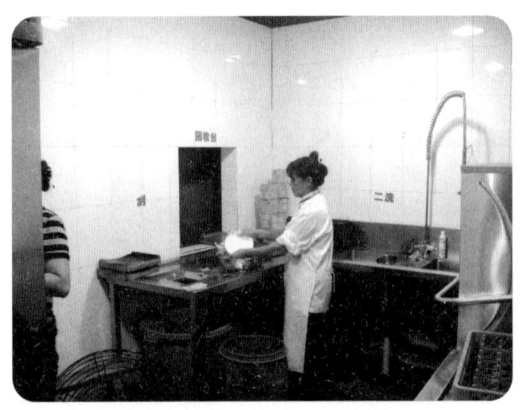

图 4-4 某酒店的洗碗间

要特别强调的是，必须对餐具进行消毒。因为顾客的安全就是酒店的安全，餐饮安全是对每一位餐饮人最起码的要求。这是酒店六常管理的价值观，也应该成为餐饮人的行为准则。

> **思考**
>
> 如果你是客房部、工程部或财务部的经理，你认为有哪些地方可以将材料或工具按操作顺序放置，又能减少哪些劳动量？

二、不可小瞧的标牌

我们在将物品摆放得井然有序之后，就要给这些物品贴上标签。这些物品的标签应如何贴？如何能保证服务员在30秒内找到想找的物品？

先举个例子，如果我现在要从美国寄一封信给杭州的张总，全世界有 70 多亿人，邮递员怎样才能将这封信交给这位张总呢？我一般会在这个信封上写："中国杭州××路××号杭州酒店张××总经理"。也就是说，其实 20 多个汉字，就可以从全球 70 多亿人中找出我要找的人。

再想想我们的酒店仓库，它有地球这么大吗？它有 70 多亿种物品吗？在小小的仓库里找出要找的物品，30 秒的时间是足够的。

如何做呢？途径就是用写信封的办法，通过标牌进行标识，做到有品种有货架，通过不断细分，把物品的"地址"都标注清楚。

1. 地点标牌要标什么

（1）酒店平面图。

酒店平面图，一般都设置在酒店、楼层出入口及电梯间，目的是让客人对具体房间及通道一目了然，有些包厢的门后也可以设置。这些平面图的设计，不要以上北下南左西右东的惯例，而应该以顾客观看平面图的角度和位置来表现。

有些酒店喜欢用个性化名称给包厢命名，比如幽兰厅、傲松亭、竹君阁等。这样的确能给顾客带来不一样的感受，但也给不熟悉酒店的顾客带来了不易找到的麻烦。所以，在楼层进出口处设置平面图的作用就显而易见了。有些酒店则是在包厢的门上直接贴房号标签，这么做依然会有问题，因为顾客看到包厢的牌子往往都是平面贴在门上的。如果客人要找 608 房，出了电梯，先走到房门口看看是什么号——606，要继续往前看下一间——604，客人这才发现自己走错了方向，不得不再回头找 608。在这里我们建议，可以根据酒店自己的特点和条件，酌情采用"个性化名称＋号码"的包厢标注方式。

如何贴包厢门牌也有讲究。想一想能否让客人一出电梯，一眼就能找到自己的房号608呢？应该是可以的，比如将房号牌都垂直贴在房门边的墙上，这样客人就能一下子找到自己的房间608了。也许有人会说，这样贴不好看，其实这完全是设计上的细节问题。我们认为，只要你提出要求，设计师完全可以设计出一种既方便又美观的房号牌贴法，可以让客人少走很多路。如果我们在设计和管理酒店时就能注意这些细节，客人就会越来越喜欢我们的酒店。这种从顾客角度出发，完全为顾客着想的人性化服务方式，也是酒店打动顾客的关键所在。

（2）总仓及部门平面分布图。

给仓储贴标签时，我们应像写信封一样，先从总仓分布图开始。在酒店的总仓大门上，就贴有物料仓库、食品仓库、酒水仓库、餐具仓库、冷库等平面分布图。

（3）找酒水当然到"酒水仓库"。

酒水仓库平面图应该标明白酒货架、黄酒货架、红酒货架、啤酒货架、饮料货架等。

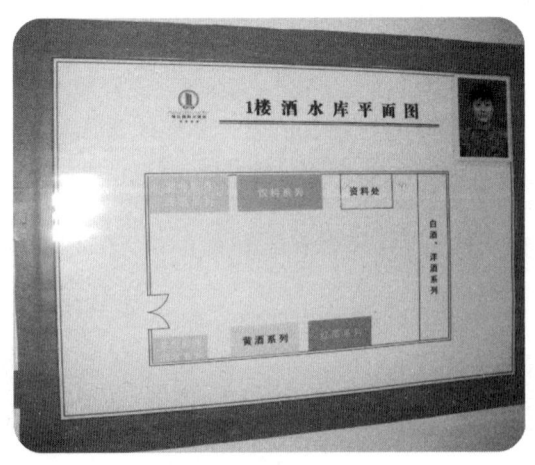

图4-5　酒水库平面图

（4）如果找长城干红，就到红酒货架上去找。

红酒货架一定要标明第一层张裕干红系列、第二层长城干红系列、第三层其他干红系列等。

图 4-6　红酒货架

（5）在红酒货架的第二层，每种长城系列红酒都有名有家。

其实，就像我们每个人都有名字和家一样，每个物品也应该有名有家。

图 4-7　有名有家的仓库货架

六常管理做得好的酒店，不要说所有物品都有名有家，就连回收的垃圾（回收的酒瓶、纸板等）都是有名有家的。

2. 拼音检索也方便

上面提到的是根据货品的品类来分类标注，也可以用拼音检索的方式来划分。拼音检索就像字典前面的索引，只要知道自己想要的货品，都可以通过这张表来迅速查找。比如需要查找"椒盐"，那么我们就去找"J"打头的物品，即可看到地址栏中是"一号柜第一层第三格"，这样做速度是不是很快呢？

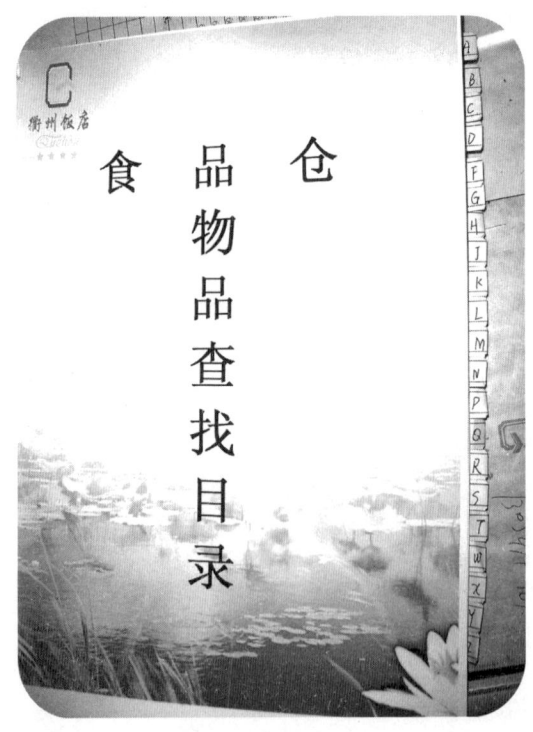

图4-8　物品查找目录册

品名	地址栏			
	柜号	层号	格号	框号
家乐鸡粉	1	1	1	
椒盐	1	1	3	
金标老抽	1	2	5	
旧庄蚝油	1	2	10	
金标生抽	1	2	4	
鸡精	2	2	2	
金勾翅	3	3	2	
锦珍蚝油	1	2	12	
家乐一品汤	1	1	2	
家乐黑胡椒汁	1	1	14	
精盐	1	3	15	

图 4-9　物品目录表

3. 存货标签怎么填

把库房和货架进行了标牌化，紧接着就是给物品做标签。"有名有家"是标签的核心，接下来具体说说标签有哪些类型和标准。

食材是餐饮店进行标牌化工作量最大的一个部分，我们可以遵循下述要求。

（1）所有物品设最高、最低存量，先进先出。

当食品类物品放在货架上是两列时，比如大红浙醋的标牌上写的内容是："最高存量10瓶，最低存量3瓶，左进右出。"这里要解释的是"最高、最低存量"：最高存量是指一天半的存量，最低存量是指半天的存量。"最低存量3瓶"的意思是，货架上只剩3瓶时，保管员到总仓取货需要半天时间，而在这半天之内，最多只用掉3瓶，不会引起食品仓库的大红浙醋断货。最高存量是一天半的量，也就是说食品仓库几乎没有太大库存。

图 4-10　货架一层标牌

图 4-11　货架三层标牌

为何酒店也要降低库存

许多高科技生产企业已实现了"零库存",我们的六常管理样板店也有做到"零库存"的。目前的问题是,大部分酒店的物品库存量太大,有备15天量的,有备35天量的,甚至有的酒店备3个月的存量。这样不仅占用大量资金,而且造成不同程度的物品积压与过期食品。你可能也听说过一些酒店生意非常好,客人都需要排队吃饭,最后却倒闭了。什么原因?就是管理出了问题,资金周转出了问题。钱在哪里?都在供应商手上,在客人手上,在库存积压的物品上,结果现金不够,周转不灵,该付的钱付不出,该发的工资发不出,酒店只好歇业。所以即使是生意好的酒店,也会因管理和资金问题倒闭。

酒店为了增加周转金,应将要用的物品降至最低用量。我们现在一般要求最高一天半的存量。有人会问,供应商不配合怎么办?其实,在激烈的市场竞争环境中,大部分供应商还是愿意配合酒店的,更何况他的运输成本也并不会因此增加。比如,以前他从外地每10天送一次货到一家酒店,每天送一家,10天送本市10家酒店,总共送了10次;现在他从外地每天送一次货到本市10家酒店,10天还是10次,并没有增加多少运输成本,他们当然也愿意配合了。

"左进右出"是什么意思呢?就是每种样品摆成两列,新品从左边进入队列,拿取时从右边取用,左边进货,右边出货。这么做的好处就是能保证货品不过期。很多店没有最高存量,没有左进右出,结果使用时经常出现货品先进后出或后进先出，等用到里面的食品时已经过期，当然会出问题。

实施"左进右出"后，管理者在检查时也会很方便，只需要查两点：一是剩余物品数量是否在安全范围内，二是右侧的物品是否挪放到此列的第一个位置。

有的酒店可能由于货架和库房占地面积问题，无法使用两列的摆放方式，不妨考虑采用"后进前出"的方式（见图4-12）。对于瓶装类的货品，此办法尤为有效。

图4-12 "后进前出"的摆放方式

从图4-12可以看出，我们只需把每个隔层增加一个角度，每次上货时货品放到最后，取货时拿走前面的就可以，后面的货品会自动滚下来。

（2）对开封食品做好标注。

对于已经开封但有保质期的配料或食品，我们则需要在其标牌上注明品名、开启时间、开封后的保质期等信息，这样就不会造成误用过期品了。另外还需注意：货品开封后夏天和冬天的保质期是否一致；

如果使用频率较低或不易保存，是否有必要放到冰箱中；如果要转存到冰箱，还要标明冰箱中的具体位置，以便查找。

图 4-13 开封配料或食品的标注

还有一种货品就是客人寄存的物品。现在大部分酒店都提供"剩菜打包，剩酒寄存"的服务，以提倡节约和绿色消费。在客人用餐结束后，如果服务员发现还有剩酒，就有必要提醒客人，酒店有"寄存服务"。寄存物品牌上的内容为品名、开启时间、寄存客人单位和姓名、责任人等。在这里要提醒的是，我们还可以通过填写寄存物品信息的方式来收集客户资料，用作客情关系的维护。

有一些酒店还没有做存酒的信息，结果酒放在酒水库里很长时间了，也没人去管。针对这种情况，我们要用存酒卡（见图 4-14）进行相应的管理。存酒卡有存酒记录，还要设定存酒的时间限制，每个月都及时地将此信息反馈给销售员，让销售员联络客人前来消费和处理酒水，这样既能增加销售业绩，又能保证空间最大可能地被利用，不被这些剩下的酒水占用。

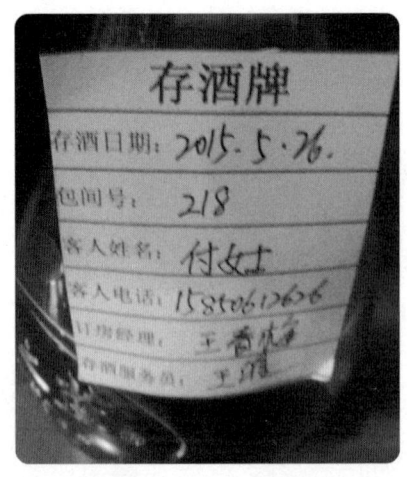

图 4-14　简易存酒牌

4. 非食品类标签怎么填

对于非食品类的物品，填写标签应注意三点：第一，在库房里，标签上需要标明物品名、最高和最低存量，比如杯子、牙签、垃圾袋、圆珠笔、拖鞋等；第二，同样的杯子、牙签如果是放在餐饮服务员包厢的柜子里，同样的垃圾袋、圆珠笔、拖鞋等如果是放在客房服务员的工作车上，则只要有物品名称、数量就可以了；第三，有些物品只要有物品名就可以了，比如垃圾桶、泔水桶等。

5. 处处都能看到的收纳盒

收纳盒最大的好处就是使用方便、节约空间。在选择收纳盒时，最好选用健康绿色的塑料盒。因为塑料透明，一眼就可以看到里面的东西是多是少、是好是坏。并且，塑料盒上要有密封的搭扣，扣住以后除了可以保鲜，还可防老鼠、蟑螂等。另外，塑料盒上还要有最高和最低存量线，这样一来，东西多少，一眼便知。

图 4-15 收纳盒架

需要注意的是,在冰柜里的收纳盒建议用不锈钢器皿。因为即便是最好的塑料制品,抗冻性仍不足,冻过后会变脆、易破,而且金属器皿的成本较最好的塑料制品也贵不了多少,性价比会更高。

图 4-16 冰柜收纳盒架

6. 利用照片增强责任心

有人说，每个分区有负责人的姓名就够了，为什么还要有照片呢？其实，照片有与没有的效果是完全不一样的。因为照片较文字更为具象化，在每个人心里的分量也更重，并且，管理者检查起来也更容易。比如说，吴大明负责管厨房的冰柜，上面有他的名字，却没有照片。酒店老板去检查时，发现这个冰柜又乱又脏，只能批评说："吴大明太不像话了！"此刻即使吴大明就站在老板的身后也不见得会脸红，因为老板根本不知道谁是吴大明。若有了照片就不一样了，老板一眼就能认出他来。所以，就算是为了面子，吴大明也会真正负起责任来。

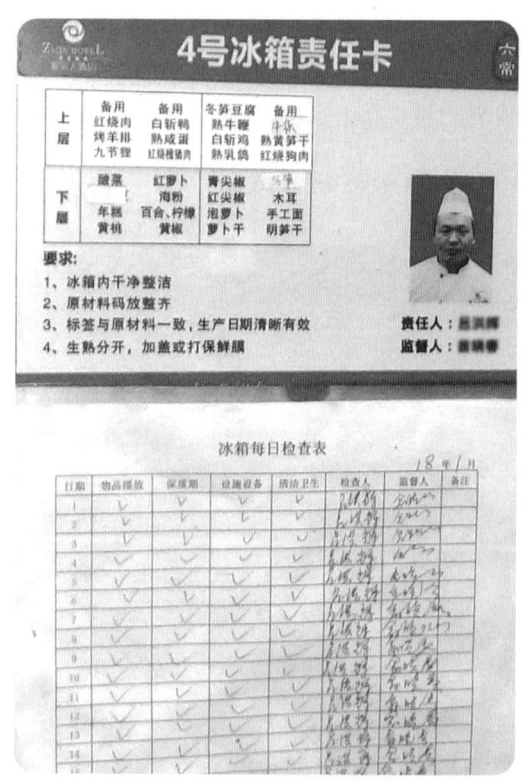

图 4-17　有照片的分区负责标牌

7. 冰箱内物品存放卡尽量做成活动的

冰箱是厨房储存物品非常关键的地方，里面的东西经常要更换，有的酒店一个月换一次菜，有的酒店三个月换一次菜。给存放卡表面加做一个套子，存放卡做成活动的，可以根据实际情况随时更换内容，这样一来，就可以减少制作存放卡的频率，缩减成本和费用。

8. 统一管理私人物品

员工喝水的杯子统一购买，统一贴上标签，统一定位，并统一放置，也能体现出酒店管理的水平。另外，杯子的边上要标注相应的号码与姓名。如果"35号吴庆华"这只杯子不见了，还要按照规定罚吴庆华本人10元钱。

前面我们曾经提到过员工手机的问题。如果让员工把手机放在更衣室，他们肯定不情愿，因为更衣室里很容易发生偷窃事件。于是，浙江嘉兴某酒店的老板想出一个办法：在员工打卡进店的过道上，酒店专门为全体员工做了一个手机存放柜，员工上班时将手机存放在自己的柜子里并上锁，就可以安心工作了。自从装了这个手机存放柜后，酒店员工也不再担心手机会被盗了。更重要的是，杜绝了员工上班玩手机的现象，提高了工作效率。

再比如，浙江某大酒楼员工的更衣室，在实施酒店六常管理之后一尘不染，不仅没有了鞋臭、汗臭等异味，还有一股淡淡的香味。他们是怎么做到的？原来，这家酒店在刚开始实施酒店六常管理时，有关人员就在更衣室门口贴了一张通告："3天之内，麻烦各位员工把自己的物品放在自己的更衣柜内，不然可能会找不到。如果找不到，麻烦到保安部去找。"一般员工一看就照做了，可是有位资格最老的大厨却没当回事儿。3天之后，大厨去更衣室更衣时，发现自己放在更衣柜外面的皮鞋不见了。他一看通告，赶紧到保安部去找，皮鞋找到了，而且已被人擦干净了，但值班保安不给他，他交了30元罚款才将自己的皮鞋领走。从此以后，大厨再也不会将自己的物品放在柜子外了。而整个酒店，一旦大厨配合了，也就没有其他人轻易敢违反了。

统一管理员工私人物品的好处就是，员工在工作时可以全身心地投入。老板则一定要做到，物品交给你，员工放心，只有这样他们工作时你也才安心。

三、标志线应该怎么画

标志线除了可以起到充分利用空间的作用，还可以对相关空间进行分类和警示。

1. 最重要的4条线

在酒店中，最需要画线的地方是厨房、员工工作间、库房和停车场。根据不同的需要，有以下几条线需要设置。

（1）厨房、仓库需要画出过道线，这样既有利于区域、功能的划分，又有利于充分利用空间，还可以减少安全隐患。

（2）在厨房、停车场需要画出通道的通行方向线，这样可以减少人员、车辆拥堵的情况发生。

图 4-18　仓库过道线

图 4-19　通道的通行方向线

（3）在厨房、仓库需要画出门的开关线，这样可以帮酒店减少由门引起的安全隐患。

图4-20 门的开关线

（4）在厨房、库房、工作间、停车场都需要画出设施、物品、车辆的放置区域线。

图4-21 停车场放置区域线

2. 设立指示标牌，画好方向线

许多酒店管理者总有这样一个疑问：中式餐厅的明档点菜区一般都有二三百平方米，可是如果一下子进去 30 多个客人，就会乱得一塌糊涂。但在肯德基，点餐的区域大概只有四五十平方米，100 多人同时点餐也一点都不乱。这是为什么呢？

其实，我们生意好的酒店点菜区之所以有些混乱，和酒店设计存在缺陷是分不开的。一般来说，设计合理的明档点菜区应该有两个门：进门和出门。即使只有一扇门也没有关系——根据点菜的顺序来设计摆放菜品，即一进门是冷菜烧烤，再进去是海鲜、炒菜，转弯是蔬菜、点心、水果，正好点完一圈就能直接出去了。相反，设计不合理的明档点菜区往往是，一进门是海鲜、炒菜，到里面是冷菜，转弯是烧烤……总之摆放得乱七八糟，没有一点秩序和章法，同时进去 30 个客人，不乱才怪呢！所以，菜品的摆放设计合理非常重要。

> 肯德基的点餐区不大，但是标志清晰，还会专门派一名员工疏导客人。这名员工负责引导客人排队，维持购买秩序。当他发现其中一个队列较长时，会立即引导客人向较短的队列疏散。所以在肯德基，客人再多也不会乱。
>
> 香港迪士尼公园每天接待五六万客人，照样能做到井然有序。游人购买门票时，有标志明显的排队区，还有专门的服务小姐指挥客人排队买票。再加上有 8 个窗口同时售票，游客一般用不到 10 分钟就能买到门票了。

酒店也应像肯德基、迪士尼一样，做好三件事情：第一，画上方向线；第二，做好标牌；第三，专人负责疏导。这样往往用几十分钟就能解决问题了。

一般酒店的餐厅与厨房之间有两扇门，这两扇门的作用是隔离厨房的油烟味和餐厅的空调。而我们经常发现，从这里端出来的菜往往会被进门的服务员撞翻，谁赔？如果根据一般处理方法，就是谁撞翻的谁赔，如果两人相撞，各赔50%，那服务员就太冤枉了。其实该赔的不是服务员，而是餐厅的经理。因为既然是两扇门，就应该预先规定一扇门进，一扇门出，也应设计好路线——一扇门是"推"，一扇门是"拉"。在明确规定之后，如果仍有人撞翻了菜，那就应当是谁走错路谁赔了。

关于画线，有两方面建议：第一，厨房区域的水和油比较多，可以用地砖。请瓦工用黄色的小地砖镶嵌进去，这样既清晰也不易脱落。第二，客房、仓库等水和油比较少的地方，可以用油漆画线，也可以用即时贴。

3. 不同颜色的秘密

听过我培训课的人都知道，我喜欢吃西瓜。在山东某饭店，服务员端上来满满一大盘西瓜时，我很高兴，可没想到拿起来咬了一口后，就不想再吃第二口了。为什么？因为我吃到的是满嘴的大蒜味。怎么回事？饭店厨师用切大蒜的刀给我切了西瓜，当然会串味了。

因此，酒店六常管理明确规定，厨房的刀具必须用不同颜色进行分类：菜刀上各自贴上红色、蓝色、绿色标签，分别代表熟食刀、生食刀和水果刀；菜墩上同样贴上红色、蓝色、绿色标签，分别代表熟食菜墩、生食菜墩和水果菜墩。不同颜色还可以用于区分人员职位、酒店楼层、菜品成品与半成品等很多方面。

用颜色来区分菜品价格

现在很多餐馆的老板都承包了大学的食堂。大学食堂每天中午会有很多人用餐，而且学生用餐时间大概在一小时左右。因此，餐馆老板常常会遇到的问题是，一个多小时内要给多个用餐者结账，而结账员只有七八个人，怎么办？

如果按通常的结账法，自然是无法顺利结清的。酒店六常管理的做法是，通过颜色区分的办法来结账。比如不管是荤菜、素菜，只要用红色盘子装的售价就是2元，用绿色盘子装的都是3元，用白色盘子装的就是4元。结账员只要看盘子颜色就可以了，这种方法非常方便快捷，大大提高了结算效率。

4. 同一颜色，同一系列

酒店的工程部经常要给机器设备加油，油的种类太多了，很容易搞错。怎么办？酒店六常管理规定：用同一颜色统一同一个系列，即同一种油，从大油箱、小油罐到设备的加油孔都用同一种颜色标识，这样就不会再搞错了。

5. 通过形迹整理来方便物品返还

形迹整理的意思，是将一套工具都挂在墙上定名定位之后，再将每件工具的样子都画在墙上，通过留下形迹来表示这件工具的"家"。这样返还的人能很快根据图像归还工具。

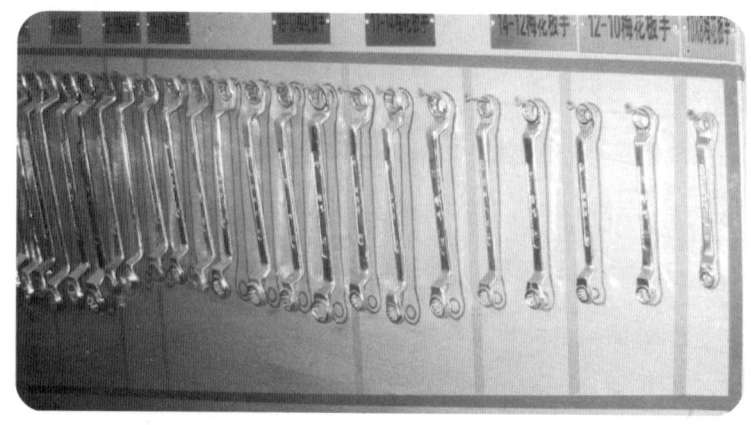

图 4-22　工具的形迹整理

如果一件工具被人借走了，留下的则是工具的名字和形迹，另外还应有借用工具的借条，别人一看就知道是什么工具被谁借走了。负责管理工具的人在下班之前，必须让所有的工具都归位。如果有一件工具没有"回家"，而管理人员回家了，主管或经理查到后，就要按照规定对这位工具管理员进行处罚。这样一来，酒店的工具就不会再短少了。如果需要再买，也必须以旧换新。

进行形迹整理时需要注意的是，在物品形迹的附近最好能够有张相应的照片，这样一来，即便不认识字的阿姨，也不会搞错了，主管和经理在检查的时候也方便很多。

四、充分利用后台空间

六常管理的优势之一就是空间利用率非常高。不少餐饮店的后台区域很大,但到处都是浪费,东西扔得满地都是,工作人员往往连物品都找不到,因此,我们要学会利用空间。

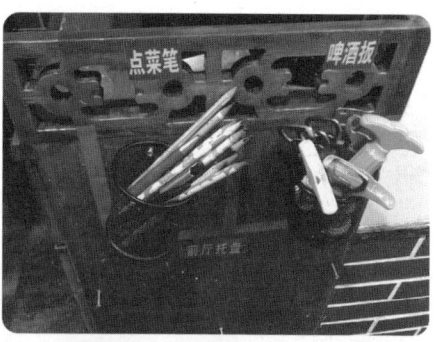

图 4-23　运用六常管理增加空间

这些利用起来的空间,有的可以放东西,有的可以挂工具,有的可以放其他物品,这样,我们的使用面积就在无形中增加了。

表 4-2、表 4-3 是两家酒店实施六常管理后的获益表。

今天的餐饮行业普遍存在"三高"现象,即员工工资高、成本费用高、房租成本高。像上海、深圳等一线城市,房价特别高,酒店的后台区域是非常有限的,所以我们要使出浑身解数来利用空间。从表中看到,酒店导入六常管理以后,有的节约了 80 平方米,有的节约了 20 平方米,无形之中,成本降低了,空间也利用起来了。所以我们要在"小"字上做"大"文章,充分利用后台空间,方便自己的工作。

表4-2　武汉二妃山庄六常导入获益表

导入日期：2017-05-08　　　　　　　验收日期：2017-07-18

内容	获益/效果
收益面积	节约空间近80平方米
节约水电能耗	自制了节油设置，每天节油400克，全年节油1440元
仓库减少积压	总仓库存总量下降10%
冰箱减少	冻库库存较之前降低25%
厨库盘存	降低13%
菜肴毛利提升	食品毛利提升1.58%
其他	增强了团队的凝聚力，强化了员工的归属感
心得体会	两个月的"六常"工作，我们全身心地投入了，也深刻体会到了"六常"给我们带来的巨大喜悦。我们清醒地认识到，挂牌只是"六常"工作的第一天，在接下来的日子里，我们要付出更大的努力，一定要让"六常"工作在二妃山庄生根发芽，开枝散叶，做到极致

表4-3　上海重庆高老九火锅六常导入获益表

导入日期：2017-06-05　　　　　　　验收日期：2017-07-20

内容	获益/效果
收益面积	尽可能地利用空间，增加有效面积约30平方米，按1平方米12元计算，一年节约131400元房租成本
节约水电能耗	下降0.44%，相当于节约费用12000元/店
仓库减少积压	目前已经退掉7500元/月房租一间，每年节约9万元
厨库盘存	有效提高毛利，减少成本积压浪费
菜肴毛利提升	提升2.2%，按每月300万元的营业额计算，月增加利润6.6万元
其他	门店角落均整齐整洁，管理更加方便、快捷
心得体会	1. 导入前对"六常"认识模糊，没有重视其提供的好处。在此次操作过程中感受到方便、快捷，更有效地提高了门店管理水平和标准 2. 整体提升了门店的管理水平，提高了操作效率，节省了时间 3. 对门店节能降耗从员工意识到现场操作都有提升 4. 对厨房原材料保存、减少食材耗损、食品安全防范等的意识有很大提升 5. 员工的随手意识在"六常"规范中得到加强。物品有名有家，员工知道到哪里找，放回哪里去，有效提升工作效率 6. 工作更加有计划、有标准

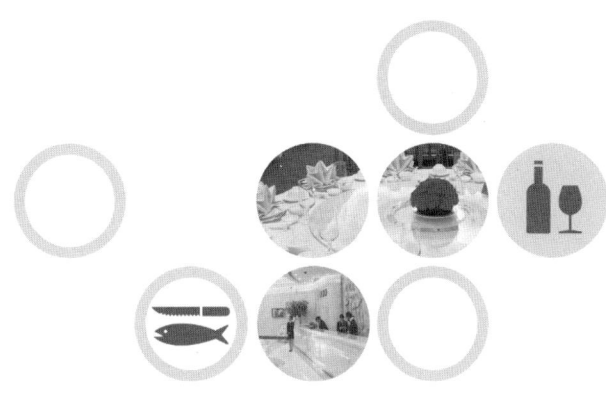

第五章
常清洁——让酒店永远没有大扫除

所谓常清洁,就是分类整理完以后,要做清洁工作,以保证所有地方都能一尘不染。通过常清洁能达到什么效果呢?我们不妨先来看看某酒店在清洁工作前后的对比照片。

◎ **厨房**

图 5-1 清洁前的厨房

图 5-2 清洁后的厨房

◎ 冰柜

图 5-3 清洁前的冰柜

第五章 常清洁——让酒店永远没有大扫除

图 5-4 清洁后的冰柜

◎ **工具间**

图 5-5 清洁前的工具间

101

图 5-6 清洁后的工具间

◎ 储物间

图 5-7 清洁前的储物间

第五章　常清洁——让酒店永远没有大扫除

图 5-8　清洁后的储物间

◎ 工具架

图 5-9　清洁前的工具架

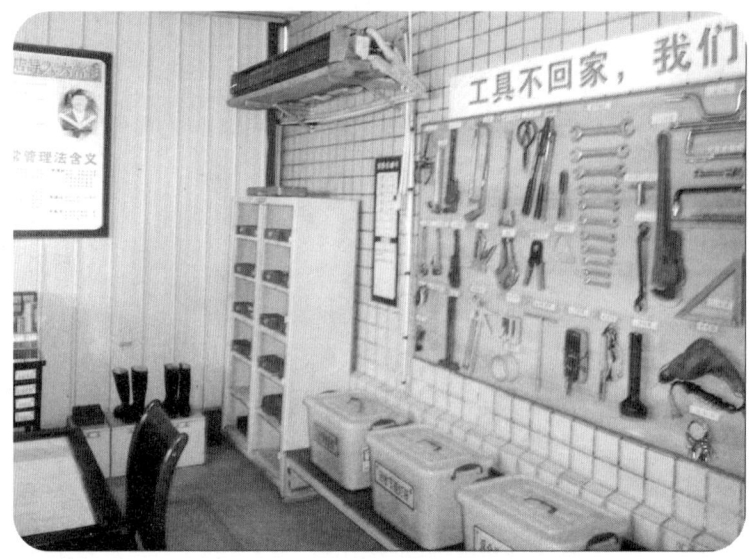

图 5-10 清洁后的工具架

◎ 大仓库

图 5-11 清洁前的大仓库

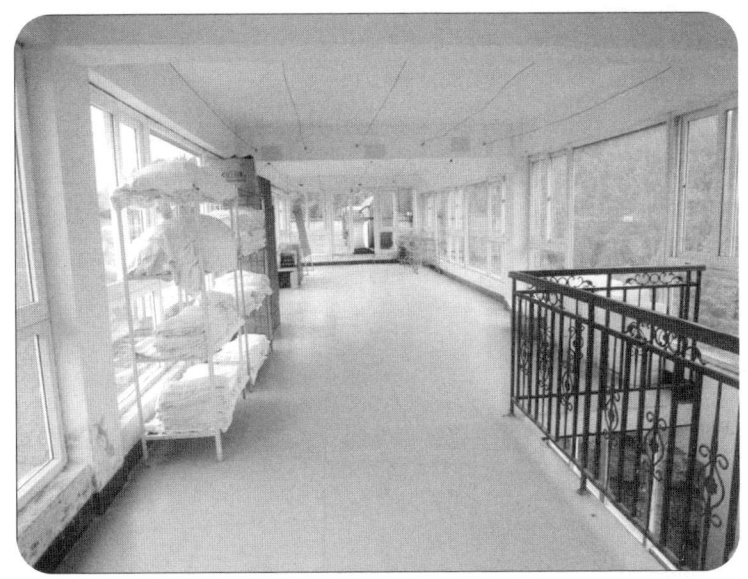

图 5-12　清洁后的大仓库

◎ 小仓库

图 5-13　清洁前的小仓库

图 5-14 清洁后的小仓库

接下来,我们再听听酒店管理者对于常清洁之后酒店变化的感受。

某酒店副总经理说:"我们酒店的厨房地面在没有实施六常管理的时候都是湿的、滑的,员工不小心就摔跤了。这样,第一会造成菜肴的浪费,第二员工受伤了酒店还要负责医疗费用,造成了更多不必要的开支。实施了六常管理以后,不管任何时候,地面都是干净、干燥的,完全不用担心会出现之前的问题了。"

某大酒店的总经理说:"本区卫生防疫部门的领导 6 月第一次来检查的时候说:'厨房这么脏,要整改!'到 8 月来检查的时候竟然说:'不对啊,我是不是走错地方了?怎么会这么干净?'其实他们不知道,我们已经实施六常管理了。"

常清洁到底要怎么做呢?主要包括下面这些环节。

一、清洁程序三部曲：清洁、检查和维修

1. 清洁计划常调整

哪些物品需要列入清洁的对象呢？以酒店客房为例，清洁的对象包括三类：第一类是茶杯、花瓶、烟缸等物品，第二类是桌子、椅子、电器等设施设备，第三类是天花板、地面、墙、窗等空间物体。

清洁的类型分为日常清洁和计划清洁两类。什么叫日常清洁？每天要做的清洁就叫日常清洁。比如客房服务员每天要换床单、吸地毯、擦桌子、清洗消毒卫生设备等。哪些又属于计划清洁呢？玻璃窗、空调机风口等不需要每天都擦，只要每周或每月擦一次就可以了。这些每周、每月或者每个季度做一次的清洁工作，就叫计划清洁。

我们来看看某酒店休闲厅的日常卫生表和周卫生表，如图5-15所示。

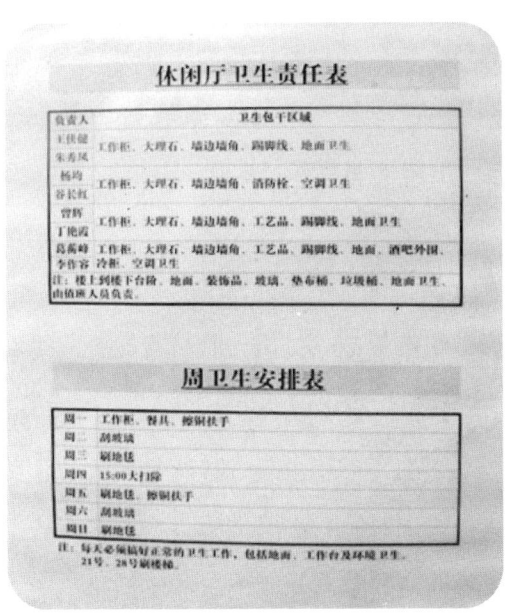

图5-15　某酒店休闲厅的日常卫生表和周卫生表

这里需要说明的一个问题是，日常清洁与计划清洁的对象并不是固定不变的，应随具体情况的变化而适时做出调整和改变。

计划是死的，人是活的

几年前我在酒店负责管理工作时，有一次到客房去检查，发现窗户的玻璃很脏，就问经理是怎么回事。经理回答说，窗户属于周计划卫生的内容，酒店规定每周二擦窗户，而当天是周一。

其实，这在酒店六常管理里是不允许的。因为客人不会管酒店规定是周一还是周二进行清洁，他们只会认为自己花钱是来酒店消费和享受的，所以酒店随时都应该保持清洁。如果酒店规定每周二清洁玻璃，但玻璃在周一时就已经很脏了，则应改为每三天清洁一次；若是当地气象问题或酒店地理位置不理想等原因，导致玻璃三天清洁一次还是脏，那就应将清洁玻璃修改为日清洁了。

2. 自我检查别忽视

这里的检查指的是清洁人员的自我检查。查什么？有人会说，当然是看看自己是否打扫干净了，如果不干净就要重新清洁一遍。其实，这是远远不够的，除了查清洁卫生，还要查物品，查一查该摆放的物品是否都摆放了。例如，吧台上有的地方应该摆放3个杯子，实际只有1个，类似这样的情况要及时补上。即便摆放了，也要检查摆放是否到位，是否整齐美观。除了检查物品及其摆放，还要检查设施、设备是否正常运转。比如,包间里的灯具是不是能够正常点亮,排风扇是不是可以照常工作,等等。

检查的方法一般有眼看、耳听、鼻闻和手摸。经验丰富的人用眼睛一看就知道什么地方不对了。如果用眼睛看不出来,鼻子闻到有异味,也能发现问题。有时候,还可以通过耳朵听声音有无异常,以及用手摸来发现问题,方法还有很多,在此就不一一列举了。

3. 简单维修省大事

如果检查出设施、设备等有问题,要及时进行维修。比如,客房服务员在清洁时,查到电话机没有声音,台灯也不亮了,怎么办?一般情况下,客房服务员会直接报工程部维修。

请注意,这里就是酒店六常管理和普通管理方式的不同所在,也是酒店降低成本的一个良好途径。六常管理要求清洁人员应该尽量先自己修。比如在上面的例子中,如果发现台灯坏了,那就换个灯泡试试;电话机没有声音了,查看一下是不是客人把线头拔了。清洁人员只有在自己修不好的情况下才能报工程部维修,以减少工程部员工的工作量。六常管理把工程部的工作内容转变成以保养和维护为主,以维修为辅。类似换灯泡这种简单的工作,都可以通过培训进行转移。换个灯泡对于服务人员来说其实是顺便就能干的事情,如果一定要交给工程部维修,无疑会增加工作流程和服务时间。更重要的是,会让工程部人员的数量和工作量大大增加。用这个方法,浙江一家拥有300多间客房的酒店,在不增加员工工作强度的前提下,仅仅通过减少工程人员数量就降低了工程部门10%的用工成本。

二、让清洁的责任更明确

1. 责任到人，制度上墙

酒店六常管理要求将每个岗位的清洁责任具体分配到每个人，然后将其书面表格化，并作为制度贴在相应的墙上。

我在担任酒店咨询顾问时，经常发现有的酒店虽将这些制度贴在墙上，但仍有些地方及工作岗位是由两个责任人同时负责的，这样做实际上十分不妥当。因为有些人喜欢推卸责任，一旦出了问题，只会将责任推给对方，而不敢承担责任。这样，出了问题就永远找不到真正的责任人，更糟糕的是，还会给团队带来不好的风气，影响大家的工作态度。所以，酒店管理者在规定每个岗位清洁责任人的时候，一定注意只写一个人的名字。

2. 设施和设备离地15厘米

酒店如果使用合适的地砖，并且设施和设备都离地15厘米放置，会更利于清洁和检查。所以，为了方便清洁和检查，酒店六常管理规定：酒店的设施、设备中，凡是能够离地15厘米摆放的，都应离地15厘米。下面的对比图片可以充分说明离地15厘米的重要性。图5-16中的地面之所以很脏很乱，原因有两个：第一，管理者对这个场所没有重视，不知道这个空间能够给酒店带来什么样的价值；第二，装修公司在为酒店装修时图省事，因为按照离地15厘米来装修会很麻烦，但他们为了一时的方便，将会给酒店后期的使用带来更多的麻烦。

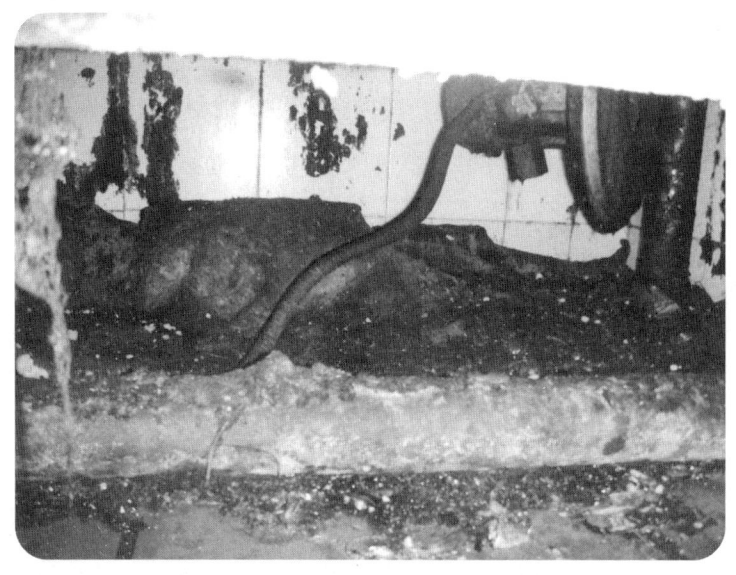

图 5-16 设施、设备未离地 15 厘米

图 5-17 设施、设备离地 15 厘米

当然，凡事并无绝对，也有人提出，其实不需要离地 15 厘米也可以达到良好的效果，大家不妨多尝试，以找到最适合自己酒店的方式。

3. 酒店卫生无死角

在实施酒店六常管理之后，酒店的任何区域都不应存在卫生死角。比如厨房的灶台上和灶台下、厨房下水道、厨房垃圾桶、工程部的锅炉房和维修室，以及酒店外围等，这些地方通常都可能会成为酒店的卫生死角，实施六常管理之后，这些死角就不应再有了。

三、清洁检查要公开

实施酒店六常管理之后，如何使效果一直保持下去呢？通过酒店领班和经理对清洁区域进行定期和随时的检查监督，就是最有效的办法之一。在这里需要提醒的是，检查表必须公开，具体如图 5-18 和表 5-1 所示。

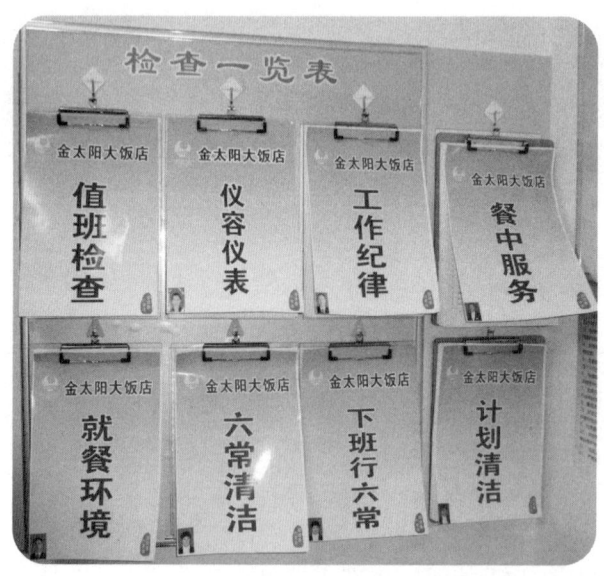

图 5-18　检查表公开栏

表 5-1　某酒店鲍翅馆卫生检查表　√好　○做过但一般　×未做过　年　月

日期	墙面	地面	台裙	门窗	沙发	托盘	灯具	台布	空调	抹布	壁画	抽屉	茶几	天花板	电话机	工作台	垃圾桶	换气扇	开水瓶	坐便器	小便池	衣帽架	酒水车	灯具开关	水晶烟缸	餐具器皿	玻璃转合	卫生工具	工具归家	检查人
1																														
2																														
3																														
4																														
5																														
6																														
7																														
8																														
9																														
10																														

在表 5-1 中，左边竖栏第一列是日期，上面横栏是所有需要检查的内容及负责检查的人，空格是每日检查结果的记录。检查时，通过的打"√"，通不过的打"×"。一个月记录下来，酒店管理人员就看各个服务员的表格中有几个"×"，并根据相关制度进行奖惩，如一个"×"扣 10 元。这样，服务员就必须经常进行清洁了。

四、常清洁作用多

清洁最后要达到什么标准呢？这个标准就是，酒店的整体环境都应保持光洁明亮、一尘不染。比如厨房的地面，在实施六常管理之后，厨师可以在休息时间席地而坐，而裤子上不会留下任何灰尘或水迹。图 5-19 与图 5-20 就是某酒店实施六常管理前后的实景对比照片。

图 5-19　实施六常管理前的厨房

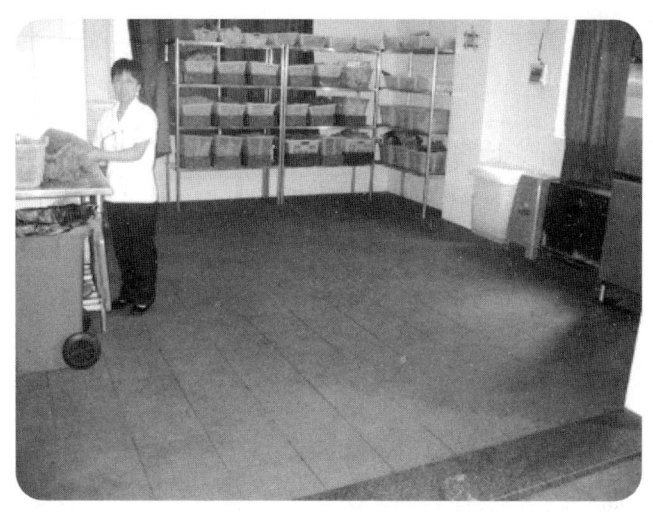

图 5-20　实施六常管理后的厨房

常清洁所带来的作用是显而易见的。首先是老板心里踏实了，如浙江某酒店的老板谈道："自从导入六常管理后，我再也不怕卫生监督部门的检查了。当地的卫生监督局局长从来没有见过这么干净的后厨，还组织了一大批同行前来参观学习。那种自豪感就不用提了！"

其次，酒店更加安全了。常清洁带来的结果之一就是烟道更安全。据统计，餐饮店的火灾事故很大一部分是由烟道引起的，实施了六常管理后，烟道的安全系数会大大提升。并且，最重要的是，饭菜安全问题也得到了彻底的解决。

第三，员工的流失率下降了。现在酒店服务人员的招聘工作已不再像多年前那么简单，每一个员工都是酒店的宝贝，更何况是有经验的老员工。六常管理提倡重视员工，尊重员工，给员工更多的归属感和自豪感。更重要的是，常清洁的方法为员工提供了更好、更舒适的工作环境。因而，实施六常管理的酒店在员工流失率上明显低于同行。

常清洁的另外一个作用就是把厨房打开了，且大大提高了后厨的综合管理水平。很多导入六常管理的酒店会主动邀请顾客进入厨房帮他们挑管理的漏洞，只要确认属实，就可以免一道菜品的费用。这样做的最大好处就是，有效提高了酒店后厨的综合管理水平。

五、清洁前要把厨房漏水的地方全修好

很多酒店清洁做得很好，可老是有水。俗话说：不干就不净。所以要先干后净，因此厨房在做卫生之前，要常常检查有哪里在漏水，要把它彻底解决好，下面我们看图5-21，看怎么解决漏水的问题。

图5-21　厨房漏水处整改之后

如果漏水的地方不解决掉，卫生刚做好，地上又会是一滩水，做了无用功不说，还容易造成员工滑倒等安全事故，因此我们一定要在做卫生之前先检查一下有无漏水现象。如水池的下水是不是通畅，洗碗机是不是漏水，洗菜间特别是海鲜池是不是漏水，冰箱、刨冰机是不是有漏水现象，等等。但凡这些容易漏水的地方，都要常常查修，这样，我们做的清洁才能够行之有效。

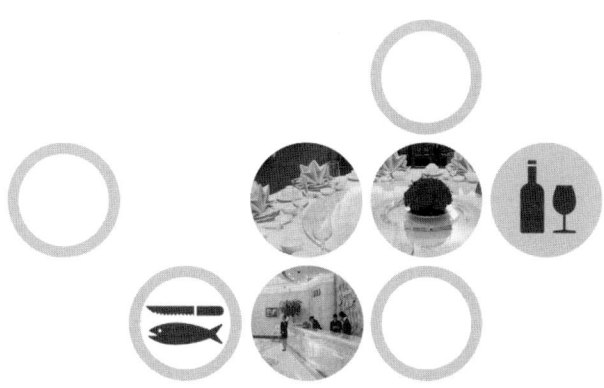

第六章
常维护——避免不必要的劳动

常维护是指对前面三常的成果进行维护。维护三常的最好办法就是做到不用分类的分类、不用整理的整理、不用清洁的清洁，以及定期维护设备设施。

一、不用分类的分类

什么叫"不用分类的分类"呢？就是要事先预防不必要物品的产生，这样就可以做到不用分类了。

那么，怎样才能预防不必要物品的产生呢？

我到酒店实施六常管理的时候，经常会发现大量没有用的"新餐具"。这些没用的"新餐具"是如何产生的呢？总经理说："我们前批厨师来的时候，厨师长说要配一批盘子，如果没有配套的盘子，菜的样子就出不来。为了配合他们的工作，采购部根据厨师长的申购单（当然这个申购单是经过餐饮总监、财务部经理、分管副总及总经理层层签字批准的）买了500套盘子。但这500套盘子买来以后，厨师长只用了200套。一年以后这批厨师被换掉，仓库里就多了300套完全没有用过的'新餐具'。新来的厨师长又说这些盘子都没用，要让他做菜还需另买配套的餐具。"

就这样，酒店里没用的物品越来越多。怎样预防呢？酒店六常管理规定：如果部门要申购物品，需部门经理和酒店总仓负责人签字后才可以购买。申购物品时为什么必须让酒店总仓负责人签字？主要有两个原因：一是总仓负责人知道申购物品在仓库有没有库存，需不需要购买；二是他可以有效控制申购物品的最高库存量。

除了总仓负责人要签字，为什么只需部门经理签字即可？因为每月总仓都会将报表交到总经理的手上，该报表的内容包括上月各部门申购了多少物品，有多少没有使用。其中那些没使用过的申购物品，就需要由各部门经理负责。

如此一来，酒店不仅简化了烦琐的签字手续，提高了工作效率，更重要的是，还能预防很多不必要物品的产生，也就做到了不用分类的分类。

二、不用整理的整理

物品为什么要整理？因为太乱。怎样做到不用整理的整理呢？避免杂乱，如果物品不乱自然就不需要整理了。

避免物品杂乱，主要有两个方法。

1. 物品"四定"归位法

如果酒店物品都能定名、定位、定量、定人管理，就很难杂乱了。

因为物品"四定"之后，不管是谁都能发现问题，发现以后要么顺便帮责任人将物品归位，要么提醒责任人及时进行整理，不然领导发现之后就会处罚责任人。这样一来，物品也就很难乱了。

物品杂乱是不是一种必然的现象？管理学上有一个"墨菲定律"：任何事情只要有发生的可能性，那它就必然会发生。所以，如果按照"墨菲定律"，物品即使定名、定位、定量、定人管理了，还可能会乱。

为什么物品"四定"之后还会杂乱呢？有人说，因为这个物品被用过。我不赞同。物品不是因为用过就会乱，而是用后归还的时候，没有按规定放好才乱的。

既然物品是没有按规定放好才乱的，那如果我们的物品用过之后根本不用归还，就不存在杂乱的问题了。这也是使物品很难杂乱的方法之一，下面我会做进一步介绍。

2. 使物品不会杂乱的方法

有三个办法可以使物品不会杂乱：第一个是"吊起来"，第二个是"装进去"，第三个是"不使用"。

（1）吊起来。

"吊起来"就是将某些常用的物品在固定的地方悬挂起来。

比如，某台机器上面同一颗螺丝每天需要用同一把配套的螺丝刀拧5次，如果每次拧好之后都要将螺丝刀放回去会很麻烦，有"四定"也很容易放乱。如果我们将这把螺丝刀用牛皮筋吊在机器的上方，要用时将螺丝刀拉下来，用完后一松手螺丝刀就归位了。这样物品便不会再乱了。

（2）装进去。

"装进去"就是将某些物品装在固定的地方或某个器具内。

比如，在没有空调的员工食堂里，夏天天气炎热时要用电风扇，电风扇用完之后，如果未按规定放好就会乱。如果我们将电风扇安装在两张桌子之间的墙上，要用就打开，不用就关掉，电风扇也就不会再变得杂乱了。

其实，酒店中还有很多物品都是可以这样做的。如图6-1所示，我们将灶台上的油、盐、酱、醋等调料统一装在抽屉中，餐前拉出来，餐后推进去，自然会井然有序。

图6-1 装进抽屉的调料

同样，我们还可以将回收桶装在一个台柜中，做饭的时候拉出来，做完饭后推进去。

第六章 常维护——避免不必要的劳动

图 6-2 拉出使用的回收桶

图 6-3 用后推进台柜的回收桶

（3）不使用。

如果物品都不使用，肯定也就不会乱了。酒店中有什么东西是可以不用的吗？当然有，比如酒店和餐馆以前大部分是手工点菜，客人点完菜之后，服务员需要马上送一式五联的点菜单：一联送吧台，一联送厨房，一联送传菜部，一联送海鲜池，一联送服务员包间。每餐结束时，服务员还要回收点菜单以便核对，核对之后要分类存档备查，资料多而凌乱。现在大部分的酒店和餐馆已经采用电脑点菜了，遥控器一按就全通知到了，这就叫"不使用"。

再比如住宿，在国外的一些酒店，客人住宿时已不再使用房卡，而是直接使用自己的信用卡交定金，然后只要一刷信用卡，房间门就开了，很方便。而有的酒店已经使用了指纹锁，客人住宿登记的时候，将手指指纹扫描入酒店的计算机中进行登记，客人的手指指纹就是房间的钥匙。这样一来，不仅酒店可以不用管理房卡，客人出入酒店也更加方便和快捷了。

三、不用清洁的清洁

什么叫"不用清洁的清洁"呢？意思就是做到不会弄脏的清洁。前面我们讲了指甲刀剪指甲的例子，下面再谈一个检火车票的例子。

比如，人们乘坐火车时，需要检票才能上车。但检票时会有剪下的纸屑掉在地上，工作人员检完票后必须对地面进行清洁。怎么才能做到"不用清洁的清洁"呢？

具体方法有三个：方法一，如果我们在检票的剪刀上设计一个口袋，剪掉的纸屑就会直接掉进口袋中，验票员检完票以后只需将口袋里的纸屑直接倒进垃圾桶就可以了；方法二，如果将剪票改成夹章，将火车票放进夹章里用力一夹，车票上留下检票的印章，这样就更先进了；方法三，如果只需刷一下身份证就可以上火车，岂不是更方便？

联系到酒店管理,我们又如何做到"不用清洁的清洁"呢?

厨房的地面为什么经常要用拖把擦水?因为地面有水。为什么地面有水?原因很多,其中一个是开水箱的水龙头,服务员每次接水时一打开水龙头,都会有水滴落到地上,地面就有水了。

怎样才能使地上没水,做到"不用清洁的清洁"呢?有两个办法:第一个是把水龙头修好,达到一关水龙头就不再滴水;第二个办法是如果水龙头没问题,就在水龙头下面放一个接水盆。每天只要注意及时清洁接水盆,就用不着清洁厨房地面了。另外,还可以根据酒店内的具体情况来采用切实可行的方法,只要能解决问题就行。

浙江嘉兴某大酒店厨房炉灶下面接下水道,冲灶台的水直接进入下水道,地面积水自然就减少了,如图6-4所示。

图6-4 下接水管的厨房炉灶

浙江海宁某大酒店则专门去定制油箱来防止漏油,如图6-5所示。厨房地面为什么会有油?原因之一就是员工倒油时油漏到了地面上。

怎么办？定制这样的油箱便可以防止这一问题了。

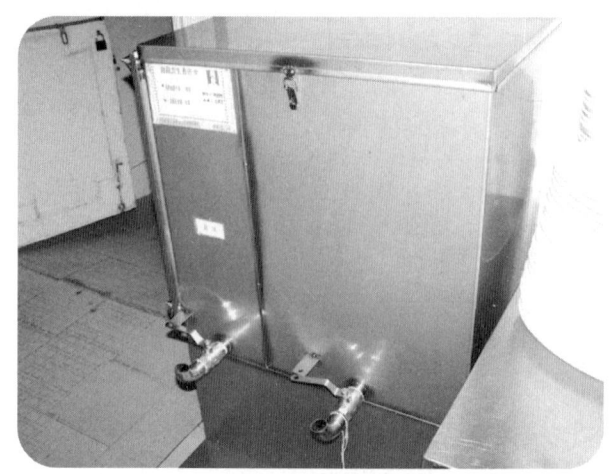

图6-5 酒店定制的防漏油箱

在许多酒店，厨师把盘子里的汤菜都装得太满，传菜员传菜时一跑一颠，汤菜就肯定会溢出来，结果造成地面上到处都是菜汤和油渍，整个酒店地面又湿又滑。只好又派两个清洁人员在用餐高峰时不停地拖地，给顾客用餐造成了极大的不便。

图6-6 装得太满的汤菜盘

我们要怎样才能做到"不用清洁的清洁"呢？从根源抓起，也就是从规范厨师的装菜盘技术抓起，从培训传菜员的标准动作和走姿抓起。

四、定期维护设备设施

酒店很多设备设施都出现了不应有的损坏，酒店工程部的师傅也似乎很忙，整天在维修，这到底是什么原因呢？每一台设备都是有它的使用寿命的，不过很多酒店买回来新的设备，使用部门在使用的过程中，不太在意设备的保养，直到有一天把它用坏了，才打电话给工程师傅来维修。坏了再维修，是很麻烦的事情，它会影响我们的工作，更有可能引起客人的投诉。我们来看一张微波炉的照片（见图6-7）。

图6-7　微波炉的错误摆放

这是我在去一家酒店检查的时候发现的。我问厨师："这台微波炉为什么这么放？"他们回答："厨师长让这么放的。"微波炉是要有一定的散热空间的，如此放置，这台微波炉不能散热，它的使用寿命就会大大缩减。一般微波炉正常的使用寿命是 8 年，这样放置最多用两三年就坏掉了。我也遇到过有的酒店因为没有给设备做维护，制冰机买回来后两三年就坏掉的情况。而一台维护良好的制冰机是可以用好多年的，这就需要做到常维护。我们应为每个设备做一张设备卡，如图 6-8 所示。

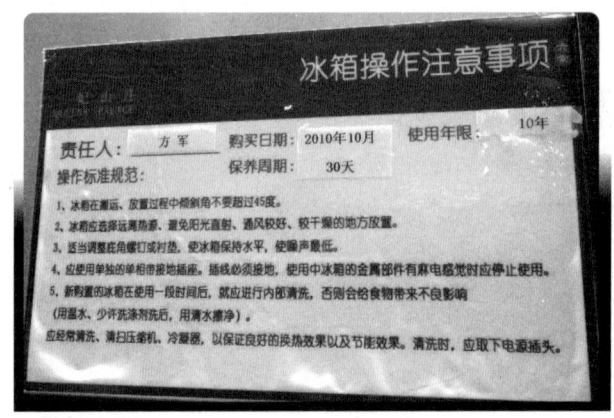

图 6-8 设备卡

在这张设备卡上，第一排就标明这台设备的购入时间。原因很简单，设备都是有台账的，而很多酒店往往是财务部才有这样的记录，使用部门都不知道，对设备的使用年限也都很模糊。比如这台冰箱，买回来是什么时候，正常能用 10 年以上，如果一两年、五六年就坏掉了，那就说明设备没有得到维护；如果用了 10 年，那就说明它是有一定的维护基础的。对此台设备的一些注意事项，我们也应写在上面，这样的话，特别是有新员工来工作的时候，他就知道，哦，这台冰箱才用了几年，在使用上有这些注意事项。

如果设备没有维护，只是维修，往往用不了几年。这样，既降低了工作效率，也浪费了金钱。所以，工程部不光要做维修工，更要做维护工。每个月一次或每个季度一次，根据设备性能，工程部要制订维护计划。比如说每个月 1 日，我要对酒店的厨房设备进行维护，就是在厨房设备还没有坏的情况下，对它进行保养，延长它的使用寿命。

只有通过常维护，才能使酒店的设备进入良性的使用状态，提高工作效率，避免浪费，也避免不必要的损失，让酒店的经营进入良性循环。

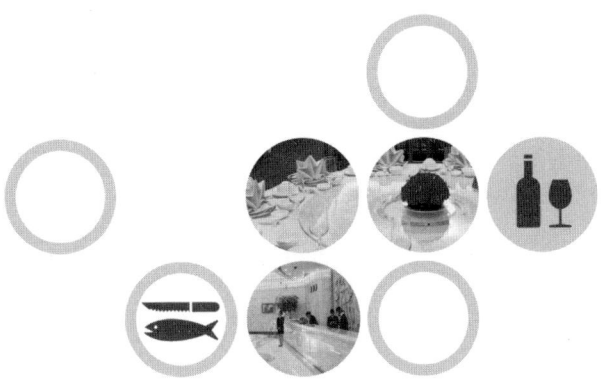

第七章
常规范——将员工行为规范化

第七章 常规范——将员工行为规范化

常规范的意思，就是将员工的一切行为都规范起来。酒店如何规范员工的行为呢？主要从以下几个方面来做。

一、岗位职责明确化

规范员工行为的前提是，要做到对每位员工都分工明确、职责具体。无论是对普通员工还是总经理，酒店应将所有人员的岗位职责通过书面形式进行明确规定，并张贴公示。

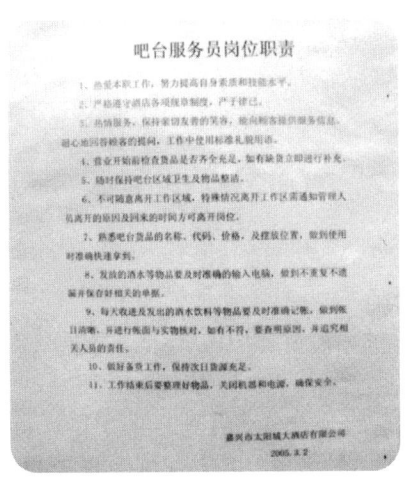

图 7-1　某酒店吧台服务员的岗位职责

二、工作内容程序化

所谓工作内容程序化，就是将酒店每个岗位的员工每天8小时工作的各项具体内容，按照从早晨上班到晚上下班的时间顺序明确规定下来。从而使员工有章可循，每天只需按照既定程序工作就行。

以浙江嘉兴某大酒店为例，该酒店对吧台服务员每天工作的内容都做了明确的规定，具体如表7-1所示。

表7-1　酒店吧台每日工作内容

时间	工作内容
午餐前准备	上班前整理仪容仪表，化淡妆，着整洁的工作服，准备好上班所需用品，打好开水、洗好抹布等，并提前上好卫生间
10：30—11：00	1. 收货，采购入库，并及时登记入账，酒水饮料按规定摆放整齐 2. 领取需配备的物品，如芥末、餐巾纸、茶叶、蜡烛、柠檬和黄瓜等 3. 毛巾放消毒柜加热，整理工作区域卫生，做好开始营业的准备
11：00—14：00	发放酒水饮料等物品，并及时按实输入电脑和账本登账
14：00	检查好吧台卫生及安全措施即可下班（二楼吧台值班至营业结束）
晚餐前准备	上班前整理仪表仪容，化淡妆，着整洁的工作服，准备好上班所需用品，打好开水、洗好抹布等，并提前上好卫生间
16：15—16：30	收货，采购入库，并及时登记入账，酒水饮料按规定摆放整齐
16：30—16：45	每日例会
16：45—17：00	1. 领取需配备的物品，如芥末、餐巾纸、茶叶、蜡烛、柠檬和黄瓜等 2. 毛巾放消毒柜加热，整理工作区域卫生，做好开始营业的准备
17：00—20：45	发放酒水饮料等物品，并及时按实输入电脑和账本登账
营业将近结束	1. 检查有无酒水单漏输或多输入电脑的情况，并检查账面存量与实际酒水存量是否一致 2. 开叫货单进行货源次日补充，打扫好卫生
20：45	将所有陈列柜锁好，电源关好即可签退下班（二楼吧台值班至营业结束）

三、员工行为规范化

1.员工一切行为都要有规范

在对每位员工进行岗位程序化的过程中,酒店要对员工所做的每件事情都做出相应的规范。

(1)酒店吧台收银员工作规范。

比如某大酒店吧台收银员的工作规范,具体如下:

吧台收银员工作规范

基本要求

思想素质优良,秉公守法。

工作认真仔细,实事求是。

严守公司机密,忠于职守。

精通岗位技术,账目清晰。

保持岗位整洁,严防隐患。

遵守其他公司制度,服务周到热情。

一、岗前准备及岗前仪容

1.调换好当天用的零钞、发票、打印纸、找零袋,以及其他相关工具上岗。

2.检查仪表仪容:按规定着整洁的工作套装,按规定佩戴工号牌、头花,头发整齐,化淡妆,调整好工作情绪后上岗。

3.做好其他上岗前准备工作,如打开水、洗抹布等,并提前上好卫生间。

4.按时到达工作岗位,动作轻快地整理好工作区域内的卫生,备好并调试好工作用具。

5.坐姿端正，表情愉快，热情服务于宾客，积极配合同事，不得在岗位上梳头、化妆、剪指甲等，不得东张西望，不得做影响酒店形象的其他事情。

6.上岗后确有事情需要离开，须向相关总台人员说明并尽快回岗，营业高峰期不得离开。

二、管理

1.管理原则：收银员的经济业务由财务部统一管理，服务业务由楼面管理者负责管理监督。

2.收银员按班次进行相关的收银工作，管辖和保障资金安全，并及时全额上缴财务部门，出现资金短缺的，查清原因明确责任后由相关责任人赔偿。

3.服从现场管理人员的安排，若安排与财务规定不符时要做到友善沟通，工作区域内不得大声喧哗；任何时候不得与宾客争吵，严禁在营业区域内和有客人在场时，与同事发生争吵、斗嘴等；发生因态度而引起的投诉，一律按相关规定严肃处理；严禁公报私仇、漫不经心、拖延怠工，以及发布消极言论。

三、对客服务

1.基本要求：主动热情、礼貌周到、面带微笑、态度诚恳、动作熟练。

2.客人注视你时应主动问好或点头微笑，与之交流时应面带微笑，并正面注视宾客，语音、语气要悦耳动听。并且，使用交流专用语，多用"您好、请、对不起、谢谢"等礼貌用语。对于无法办到的事情应委婉地向客人说明情况，对于已投诉或有投诉倾向的客人更要动作麻利、主动热情、虚心倾听，适时表示歉意，尽量平息顾客的怒气。

3. 交流专用语：

（1）客人需要结账。

您好！先生（或小姐），请问您的包厢号（或席位号、桌号）是多少？请稍等一下！

请稍等一下，结账需要您包厢的服务员确认一下消费单。

请稍等一下，服务员正在为您退多余的酒水。

对不起，让您久等了！

不好意思，让您久等了！

（2）现金收款及找零。

（必须学会辨别现金的真伪，但不得故意刁难客人和其他服务员。）

收您现金××元，请稍等！

这是您的找零，请拿好！

这是您的找零××元，请拿好，谢谢！

（如果收到了假钞。）

对不起，麻烦您帮我换一张好吗？这张纸币不能通过我的这台验钞机，能不能麻烦您换一下？

这张纸币我交不掉的，麻烦您给换一下好吗？

（或借口说找不开。但注意声音要轻，不能让客人感觉难堪。）

（3）信用卡结账。

（如果客人未注意到你）对不起，打扰一下！

您的密码，请稍等，请签名（同时在签单上向客人示意签名的具体位置），谢谢！

请拿好您的信用卡！（婚宴及大型宴会，一般不能使用信用卡结账，须按事先预定的协议进行。）

（信用卡故障时先分析原因）对不起，可能是电脑中心出故障了，麻烦您用现金好吗？

（4）移动支付。

您好！请问您是用微信支付还是用支付宝？

请扫这里的二维码。

（5）酒店挂账。

请出示一下您的白金卡，请稍等一下，我给您打个折。

请签名（一般需请客人在餐费确认单上填写单位、姓名、电话，常客可只填姓名）。

麻烦您写一下您的单位名称和电话，谢谢！请拿好您的卡。

（客人签的笔迹不清楚时）请问您怎么称呼？请问怎么读您的单位名称（或姓名）？请问您的电话号码是多少？

（6）支票结账。

（首先应征得相关领导同意后，方可接受支票。）

请出示一下您本人的身份证好吗？请留一个联系电话好吗？

（熟悉的客户或单位可由领班担保。在上交支票的同时，附上客人的姓名、身份证号码、联系的电话号码。）

（7）客人询问包厢或其他情况。

（能回答的可以回答，不能回答的则一般交由总台预订处处理。）请到总台查询好吗？这边是收银台（同时向客人指示方向，或带领客人过去）。

请稍等！我帮您叫一个迎宾小姐带您去总台。

（若客人坚持要收银台查询的，必须为客人查询。）

（8）客人要求打折或开发票。

（大型宴会或婚宴，一般不予打折。）

对不起！菜价已经很优惠了，不能再打折了。

对不起啊！我们这里需要酒店的贵宾卡才能打折。

请出示一下您的贵宾卡好吗？我们需要登记卡号才可以的。

请问您的单位名称和纳税人识别号？（发票开具须按照宾客实际付款金额，如有餐券情况应扣除，宾客挂账一般不得开发票，但有领班以上的管理人员同意的除外，相关情况需要有凭证并在确认单上说明。）

（9）客人催促。

哦，好的，我尽快！

好的，我马上去办！

（10）客人离开。

谢谢！

欢迎再次光临！

再见！

（11）客人投诉。

实在很抱歉！您放心，我一定会向负责人反映您的情况。

（认真聆听后，表示明天一定向领导汇报相关情况，并向客人道歉。处理不了的时候，请相关领导直接处理，一般不要直接去找最高领导。）

四、其他工作

1.大堂收银员负责为入住酒店的宾客打印席位卡，以供宾客点菜确认桌号之用，四楼收银员晚餐负责收集各酒吧及总台开出的入库单和记账联，并上交财务部，协助三楼酒吧员工发放酒水。

2. 代为保管收受定金及其他贵重物品，并及时处理。

3. 退还多收款项，凭相关主管以上人员审批的退款单退款。

4. 退还定金，定金单需由相关营业部负责人同意并签字后，当场在餐费中抵扣或直接退还现金。

5. 熟悉酒店的促销措施，并予以贯彻执行。

6. 协助服务员对客损物品及临时外购物品，如蛋糕、鲜花等下单收费，注意按照酒店统一的标价收费，并且须以相关领班签字确认的酒水单为依据。

7. 积极、主动配合领导和同事的工作，分清工作的主次，不得故意刁难或拖延。

五、其他责任

1. 严守公司财务机密，不得泄露公司经营情况，否则将予以严肃处理。

2. 按照实际款项上缴财务部，不得隐瞒短款和有其他违规情况，收进假钞由收银员自行负责。

3. 保管好相关票据，不得虚开发票。

4. 及时反映其他服务员的异常和舞弊情况，防止经济事故的发生。

（2）退菜规范。

一般酒店在遇到客人提出退菜要求时，常会出现下面这样的情形。

客人投诉："菜里有根头发。"

服务员："对不起！"

客人:"对不起就完了吗?"

服务员:"那怎么办?"

客人:"我要退菜!"

服务员:"对不起!我没有这个权力。"

客人:"那谁有权力?"

服务员:"经理。"

客人:"把经理叫来!"

服务员:"请稍等!"

实际上,服务员并不敢马上叫经理,于是就去叫领班,好不容易找到领班,花了不少的时间。领班一听客人投诉,不敢亲自解决,后来不得不去时,又拖延了很多时间。

这种情形下,客人本以为只是一件很简单的事情:这道菜有问题,说退就应该退了,说换就该换了。然而,没想到酒店没当回事,感觉自己很不受尊重,等得越久要求就会越高,等到经理出来的时候,事情可能已经无法收拾了。

这就涉及酒店的"退菜规范"。碰到这种情况,引入六常管理的酒店会怎么处理呢?

客人说:"菜里有头发。"

服务员说:"对不起!"边说边把菜退掉或换掉了。

等客人反应过来时,证据也没了。

为什么服务员敢这么处理?因为发生这种投诉该如何处理,什么情况该由谁处理,六常管理早就在"退菜规范"里明确规定了。如表7-2所示。

表 7-2 退菜操作规范

情况分类		通知人	退菜人	核对责任人	备注
一、沽清退菜	1. 厨房沽清	出品部领班负责将沽清小票交给传菜部领班，由传菜部领班通知楼面部领班。如该区域主管领班在对讲机内无回应，则由楼面部领班下单并交至点菜区，输入电脑	传菜领班负责第一时间将小票交至点菜区，由点菜区负责输入电脑退菜	服务员在结账时负责核对账单，确认无误后方可结账	推荐菜肴须尽快明确客人是否需要，不得出现客人需要又沽清的现象，点菜区负责登记退菜并报质检
	2. 海鲜沽清	海鲜池立即将卡仔退回点菜区并建议类似品种调换，点菜区负责通知楼面领班，由楼面领班与客人协调，菜肴由楼面领班下单，点菜区下卡仔和入电脑	点菜区退菜并收回两联卡仔		
二、宾客人数减少需退菜（位上菜或份菜）		厨房出品必须查看有无电脑单，如未输入电脑则需服务员在点菜单上签字，事先预订的特殊菜肴和外购菜品，鲜活海鲜已进行制作，以及其他类似情况的，一般不允许退菜，确实需退菜的则按以下方式进行			
	1. 一楼出品及海鲜出品	楼面领班立即联系总厨停止制作，由总厨开出退单注明联系的楼面领班，以及是否需要推销等。如菜肴退回出品部门，叫服务员退回菜点菜区	传菜领班负责将退单交点菜区输入电脑	服务部在结账时负责核对账单，确认无误后结账	如退点心，由楼面领班连同退单一起退至点菜区，海鲜由点菜区主管点菜区人员负责核对数量
	2. 二楼厨房出品（冷菜、烧味、鲍鱼、刺身、榨汁）	楼面领班与二楼出品部门主管联系后，并注明领班姓名，由楼面领班写退菜单并签名，叫服务员退回出品部门，出品部门收到退回菜肴后，再开具退单交点菜区	点菜区收到出品部开出的退单后输入电脑		如海鲜未杀，则由传菜领班连同退单一起退至点菜区，并交点菜区与海鲜房人员负责核对数量

（续表）

三、投诉退菜			
1. 因上菜太慢引起的投诉退菜	如确定退菜，楼面领班立即联系总厨停止制作，由总厨开出退菜单，注明联系的楼面领班姓名及是否需要推销等	传菜领班负责将退单交点菜区输入电脑	点菜区马上进行推销，海鲜推销成功时，须注意不得再次抓海鲜，出品部不得重新配菜
2. 因菜里有杂物引起的投诉退菜	服务员上报楼面领班，把菜肴退回出品部交总厨确认，并由总厨开出退菜单		
3. 根据实际情况，确定是否退菜或菜肴处理。经查实原因确需退菜或打折优惠的，则进行相关处理	服务部开具退单，每单按金额交楼面领班（30元以下）、主管（30元以上，50元以下）、经理（50元以上）审批后，交付点菜区	结账时有优惠处理的应经相关领导审批，财务部将有关优惠的损失抄报质检部	点菜区收到退单后输入电脑，点菜区负责登记退菜情况并报质检部。质检部负责事后跟踪出品或服务部的处理情况，并汇报副总

四、备注

1. 退菜均须在退菜单上写明原因并有相关领导批准的签字，输入电脑时在小票上注明原因
2. 团队或婚宴用餐，应按相关订单的规定，与宾客及时确认菜单及桌数，杜绝临时退菜的情况
3. 凡对酒店利益造成损失的，均须追查责任人，并进行相应处理和及时汇报
4. 退酒吧物品不包括在此规定内
5. 出品部下班后，由值班主管负责把关；营业部下班后，退菜的电脑操作改为各经办领班凭厨房退菜单并开优惠单给客人结算
6. 厨房须积极配合退菜操作，防止出现因反应迟缓引起更大的投诉，确需重烧时由出品部安排以最快速度做出菜
7. 点菜员发现客人数不确定时，应提醒客人尽量确定人数

在此需要说明的是，规范没有绝对的高级、低级之分，只有适应、不适应之分。适应本酒店的就是好的规范，不适应本酒店的就是差的规范，至少是不能为我们所用的。

比如，杭州有一个位于市中心的三星级酒店，离西湖较远，客房部经理是我的学生。有一次他问我："邵老师，每天定时到客房收客衣的规定能不能改？"我问怎么回事，他说："我们收客衣的时间规定是每天9：00—10：00，房务中心需要两个人同时打电话到100多个客房，逐一问客人有没有衣服要洗？如果有，我们就去收。结果5年下来经统计发现，平均每天只有1~2位客人说有衣服要洗。而这段时间内有30%左右的客人都还在睡觉，我们却打电话把他们吵醒了，自然会遭到客人的投诉。就这样，我们的服务员也被客人骂了5年，我一直想把这个规定改掉，但是又不敢改。"我问他为什么不敢改时，他说："这是前任经理定的。"

前任经理是谁？是从杭州香格里拉酒店请过来的。因为杭州香格里拉酒店从开张那天起，就一直是浙江省最优秀的酒店之一，所以前任经理定的规范是没人敢改的。

于是，我告诉他，早就该改了。因为这条规范在香格里拉酒店非常适用，但是在这个小小的三星级酒店就不适合了。所以，其他酒店的规范制度只能参考借鉴，而不能完全照抄照搬，生搬硬套。

2. 所有设备都要有使用说明书

所有的设施设备都要配上相应的使用说明，比如中央空调、厨房绞肉机、消毒柜等。如图7-2、图7-3所示。

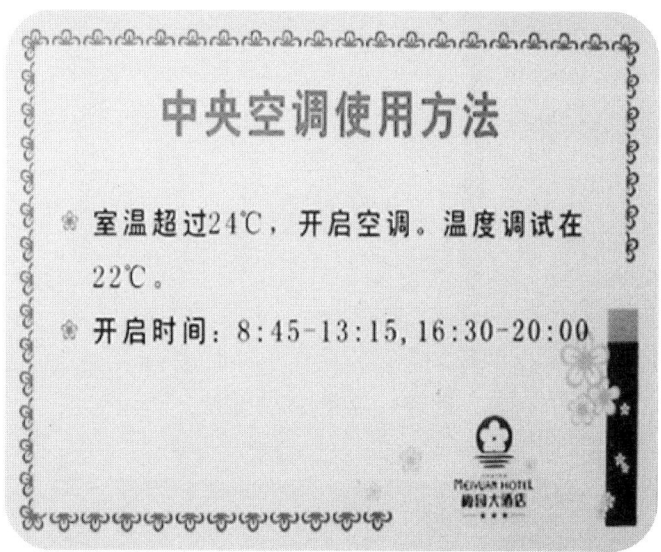

图 7-2　中央空调使用说明

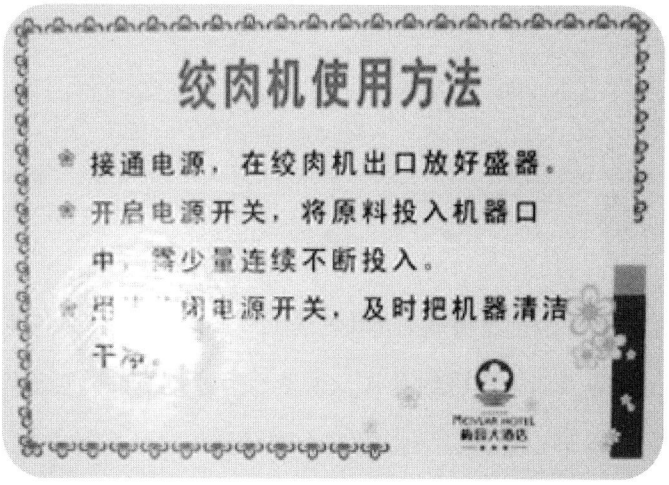

图 7-3　绞肉机使用方法

消毒柜怎么用？杯子应几点钟消毒？消毒几个？由谁消毒？都要有相关规定和签字记录，如图 7-4、图 7-5 所示。客人看到这些，对酒店的用品也就更加放心了。

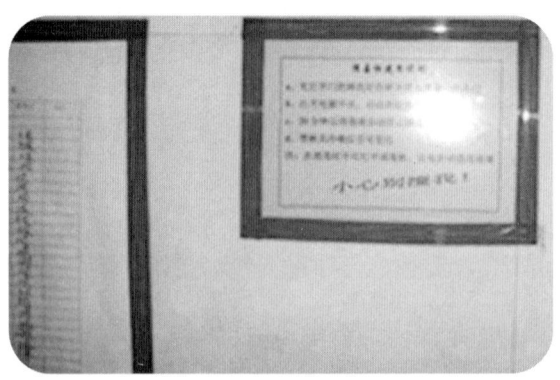

图 7-4　消毒柜使用说明

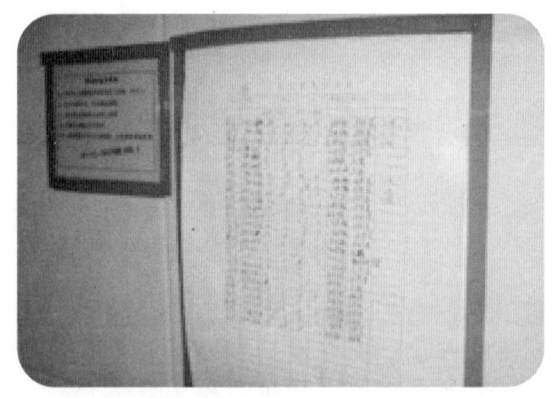

图 7-5　消毒柜工作记录

日常生活中消化道疾病的传染是很可怕的，如伤寒、痢疾、肝炎、感染性腹泻等。如果酒店的餐具、用品不经过严格的消毒程序，那么这些传染病在暗中传播，人们根本无法预防。酒店的卫生预防工作，则完全可以通过酒店六常管理对全员进行规范，达到很好的效果。

我去吃过饭的酒店和餐馆实在太多了，但最放心的还是杭州香格里拉酒店。每次去那里就餐，拿起一个盘子，一摸有点烫手，就说明刚刚消完毒，可以放心使用。而我去一些其他酒店或餐馆时,发现盘子不仅没有消毒,甚至连洗都没洗干净,到处是油。这样的餐具怎能让客人放心使用呢?

所以,酒店六常管理严格规定了公用餐具、用品的消毒程序,能让客人放心。

3. 推行傻瓜式管理模式

有位吴大厨烧的千岛湖鱼头特别好吃,很多客人到酒店吃饭,都是冲着吴师傅的这道拿手菜去的。正好我有个表弟刚从学校毕业,想学厨师手艺。我就去找吴师傅,希望他能教教我的表弟。吴师傅看在我的面子上,答应带他3年到出师为止。3年之后,我到那家酒店吃饭时,特意让表弟烧一道千岛湖鱼头给我,结果烧得太咸,根本没法入口。

我问他们经理怎么回事?经理说,你这个表弟烧的菜不是咸就是淡,反正没法吃,老是被客人投诉。我就去问吴师傅是什么原因,吴师傅说:"邵老师,你那个表弟有点笨,悟性不够,教不会!"

既然他学不会,那就不要做了。于是,我建议他到肯德基去做临时工。几天之后,我和儿子去肯德基用餐,特别点了一份炸薯条,吃完之后感觉味道特别好,而这正是我的表弟炸的。

奇怪!我的表弟才上班没几天,怎么就能炸出这么好吃的薯条?表弟告诉我,不需要几天,3分钟便能学会,不信的话,他立即就可以教会我。

他说,肯德基用同一个品牌的炸薯条机、标准相同的土豆,然后倒同一个品牌的油到锅里,再放入几克薯条、盐。边上有个按钮,一按就开始倒计时,两分钟时间到,机器锅提示音响起,人就马上过去拿起漏斗,装起薯条漏油,10秒钟后立即装袋,装袋之后保证在7分钟之内送到消费者的手里。

3分钟不到,我的表弟就学会了炸薯条,可是他跟着吴师傅学了3年,却怎么学不会做千岛湖鱼头呢?

我问表弟,吴师傅是怎么教他的,他说,吴师傅告诉他:首先要选好鱼头,不要太大,也不要太小,正好就可以了;锅里的水放得不要太多,也不要太少,恰到好处就行了;再放入少许的油、适量的盐和味精;烧鱼头时火候是关键,不能太大,更不能太小,适中就可以了;烧的时间不能太长,更不能太短,差不多的时候就可以起锅了,这样烧的鱼头口味最好。表弟说,他想了3年都没有搞清楚什么是"正好",什么是"恰到好处",而什么是"差不多"。

所以,我们说中菜厨师要靠悟性和经验。没有悟性,没有经验,多半烧不出好菜来。这是中厨和西厨的区别,也是中式管理与西式管理的区别所在。中国人烧菜和管理都是艺术,西方人烧菜和管理却是科学,是标准化。现在的实际情况是,我们的酒店管理太需要标准化了,因为即使是悟性和经验极高的吴师傅,如果哪天刚好和别人吵了架心情不好时,烧出来的菜味道也会不好。

在制定规范和培训的时候,西方人把员工当"傻瓜",用的是"傻瓜式管理模式";中国人则把员工想得很"聪明",以为不用说员工也应该知道。比如肯德基炸薯条的方法,由于实行了标准化、规范化的作业方法,一般人肯定学得会。

中国式管理往往把员工想得"太聪明"了,总觉得员工应该理解或揣摩出管理者的意思或意图是什么,从而按照他的想法去做事。但事实却让管理者很失望,他们常常会觉得员工所做的结果跟自己想象的相差很大,或者根本不是一回事,所以经常会去批评甚至惩罚员工。

酒店到底该怎么管?

我们应该学学国际品牌酒店的做法,学习他们的傻瓜式管理模式。到底什么叫傻瓜式管理模式呢?其实就是要实施工作的流程化、标准化与规范化。

我在做酒店总经理的时候,曾经招进一个学历不高的传菜员,培训一个月之后就正式上岗了。他刚工作一个月,客人就投诉说:"上鱼翅怎么不带红醋?"我问餐厅经理怎么回事?经理说:"这个员工太笨了,两个月都学不会跑菜!"我仔细研究后发现,从根本上还是酒店的管理有问题。后来我们开始实施酒店六常管理,结果培训不到两天,这位员工就学会传菜了。我们所采用的正是傻瓜式管理模式。如图7-6所示的"某大酒楼传菜配送酱料图",酒店所有需配调料的菜及调料的照片都贴在墙上。传菜员在传菜的时候,只要对一下图片,就知道什么菜配什么调料了。这就叫傻瓜式管理模式。

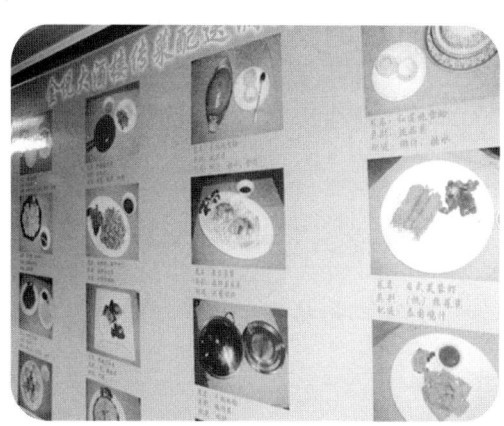

图7-6 某大酒楼传菜配送酱料图

傻瓜式管理模式在厨房切配中效果非常明显。我在酒店担任总经理的时候，曾经和厨师长一起做评委，给新厨师做考评，其中有一道考题是做一道菜——青椒土豆丝，结果几个厨师做出来的青椒土豆丝都不一样，有的在青椒土豆丝中放了红椒，有的没有放；有的切到了一个特别大的土豆，土豆丝的长度有十多厘米，有的只有六七厘米；有的分量特别大……这些都是没有执行傻瓜管理所带来的后果。那么，在菜肴上该如何进行傻瓜式管理呢？我们来看冷菜的配料及分量表（见图7-7）。

冷菜装盘份量表

菜品	配料份量
美极干丝	干丝2.5两、香菜0.2两、大蒜丝0.2两
好想吃凤爪	净凤爪、围边生菜1片
糖醋花生米	花生米3两
家乡萝卜皮	萝卜皮4.5两
皮蛋豆腐	豆腐1块（盒子）皮蛋1只
蒜泥黄瓜	黄瓜4两、蒜泥0.2两
白浦茶干	白浦茶干3两、香菜0.2两
蜜汁红枣	黑枣5两
剁椒皮蛋	皮蛋4只、剁椒1两
醋泡木耳	泡木耳4两
京酱黄瓜	黄瓜条4两（16根）、胡萝卜2根
香蜜鹅肝	鹅肝1盒2份、香菜1根
美极杏鲍菇	杏鲍菇条2.5两
杭州酱鸭	酱鸭半只、香菜1根
醉鱼	醉鱼180克围边
水果沙拉	西瓜丁、哈密瓜丁8-10只、火龙果6-8只、沙拉酱
桂花糖藕	糖藕片16-20、桂花+麦芽糖
养生山药	山药5.5两、柠檬1片、枸杞子6-8个
野山椒凤爪	凤爪6两、6只（12个）
盐水河虾	河虾3两、盐水、葱段、姜片
醉白虾	3两加醉汁
肴肉	肴肉4两、厚0.5cm,14片、姜丝0.2两14片
卤水鸭头	鸭头/只、生菜一片
糖醋海蜇	海蜇3两、香醋0.7两加糖醋酱6-8只
传统猪头肉	猪头肉4两、香菜1根
老卤牛肉	牛肉2.5两
腌腊拼盘	排骨6两、生菜1片
天鹅绒片	牛肚、牛心、牛舌、牛肉1.5:0.4:0.3:0.3、香菜0.5两、花生米10粒

图7-7 菜肴量化表之冷菜分量

看了这张表格，任何一位员工进入冷菜间，就知道，冷菜间出品的每一道冷菜的主料是什么、配料是什么、重量是多少，再配上电子称，他们的操作就会很规范。

接下来我们再来看热菜的配料及分量表（见图7-8）。

上汤时蔬	份	时蔬500克
蒜汁生菜	份	生菜300克
高山娃娃菜	份	娃娃菜条300克
平锅鲫鱼	份	鲫鱼450-550克
酱香牛肉	份	卤牛腱子片150克
青椒焖土鸭	份	煨制鸭400克
口味跳跳蛙	份	牛蛙块400克，牛蛙圈60克
坛子菜炒肉	份	熟五花肉150克，腌菜180克
辣椒炒肉	份	去皮五花肉130克，辣椒120克
口味香干	份	香干片300克
京乡土鸡	份	散养鸡块550克，姜蒜适量
黄洲生态鳙鱼	份	大湖鳙鱼750克

图 7-8 菜肴量化表之热菜分量

如此，厨师再也不是凭着经验，用"差不多""少许""适量"来做菜，而是按着配料来进行操作了。

最后我们看一个高星级酒店自助早餐。

不少酒店的自助早餐是免费提供给客人的，可是我发现，由于没有按照傻瓜模式来管理，有些酒店的自助早餐出现了很大的浪费。图 7-9 是某星级酒店自助早餐快结束的时候，我拍下来的照片。

图 7-9 早餐浪费照片

这个时候，早餐厅已经接近尾声，厅内的客人已经很少了，但是很多自助餐炉里的菜都是满满的。这些菜，说句实话，已经不能给客人吃了，收下来以后，基本上都是员工餐解决掉，或者倒掉。其实我们都知道，客人到了9点半去吃早餐，他自己也已经感觉到了，时间已晚，稍稍吃一点就可以了，而如果这个时候每个炉子都是满的，那浪费的可能性是非常大的。针对这种情况，我们制定了自助早餐的配料及分量表（见图7-10）。

A款菜单早餐菜单		B款菜单早餐菜单	
序号	菜品名称	序号	菜品名称
1	煎饺	1	韭菜盒子
2	牛肉饼	2	慧霜包
3	三鲜豆皮	3	鸡蛋软饼
4	窝窝头	4	发糕
5	流沙包	5	柳叶包
6	小米粑	6	花卷
7	烧麦	7	黑米糕
8	面窝	8	麻元
9	地瓜丸子	9	油条
10	牛奶玉米	10	烤红薯
11	烤培根	11	炒粉
12	青菜	12	青菜
13	配菜	13	配菜
14	意大利面	14	三角薯饼
	鸡柳	15	茄汁焗豆

图7-10 菜肴量化表之早餐自助餐

按照以上表格，早餐厅厨师每天都会根据入住客人的人数，制定自助早餐的品种和数量，这样，每天到自助早餐结束的时候，我们的菜品也用得差不多了，就不会产生浪费。

通过傻瓜式管理对菜肴的分量及配料进行规范，不管什么员工，到我们酒店以后，都可以参照这个模式来操作。

综上所述，要把酒店里每个岗位的操作规范都通过傻瓜式管理模式表现出来。例如：迎宾员怎么迎接客人？服务员怎么给客人点菜、上菜、倒酒、换骨碟？领班怎么开班前会？怎么分配、检查工作？洗菜阿姨怎么洗菜？切配师傅怎么切菜、配菜？炉灶师傅怎么烧菜？工程部员工怎么维修？财务部员工怎么做账？人力部员工怎么招工？安全部员工怎么巡查？经理怎么检查？等等。全部用傻瓜式管理模式表现出来，以便打造标准化服务、标准化菜品，以及超过国家标准的安全体系的"放心餐饮店"，让客人认准实施到六常管理的酒店用餐。

图7-11　安全部六常规范栏

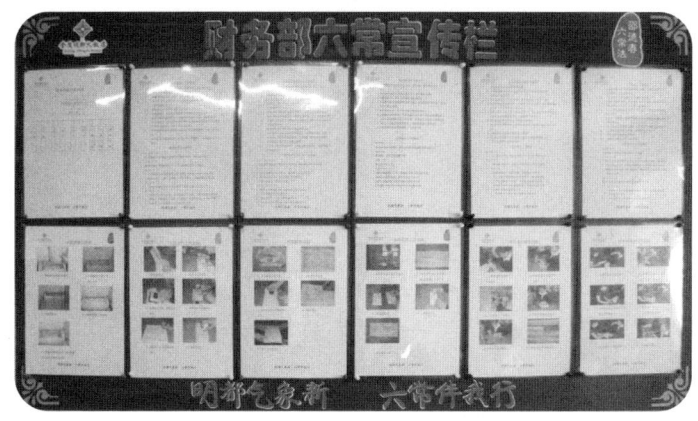

图7-12　财务部六常规范栏

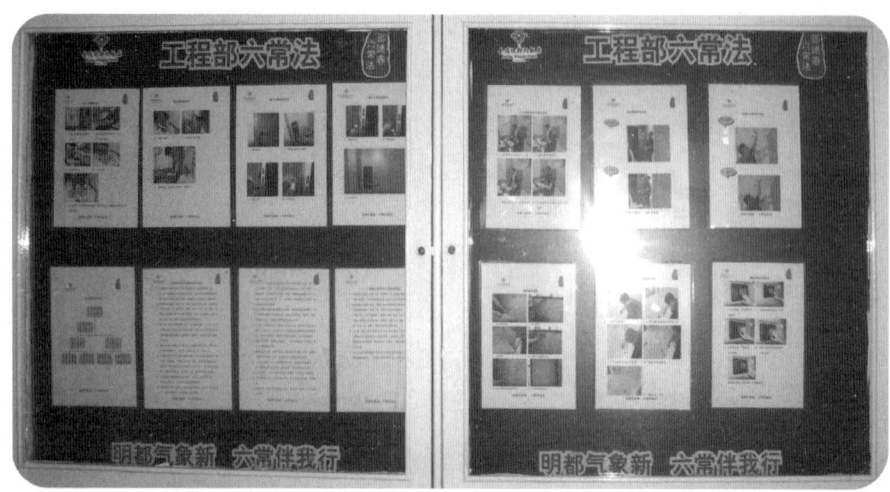

图 7-13 工程部六常规范栏

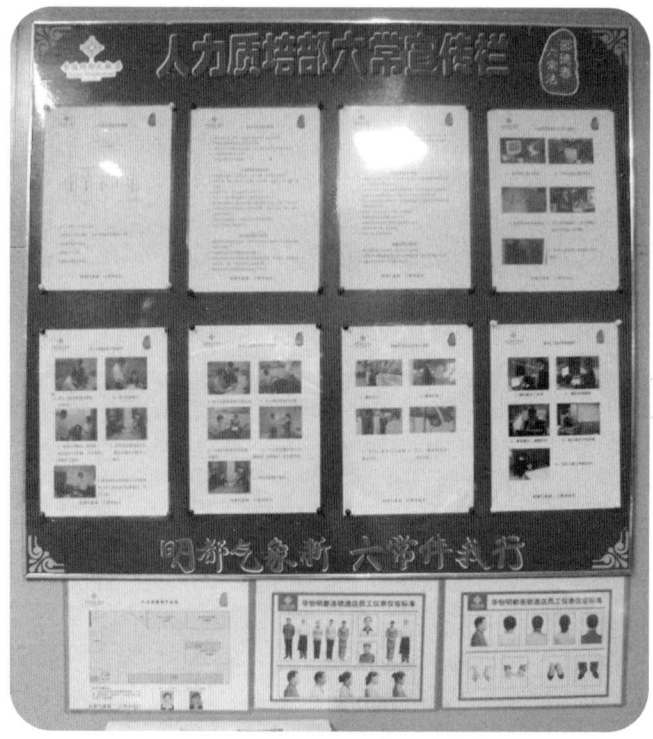

图 7-14 人力部六常规范栏

图 7-15　中餐部六常规范栏

> **思考**
>
> 酒店管理中除了传菜配料，还有哪些地方可以采用傻瓜式管理模式呢？

4. 布置统一规范的通告板

酒店六常管理通告板的内容包括酒店组织架构图、岗位职责、程序化和规范化要求。

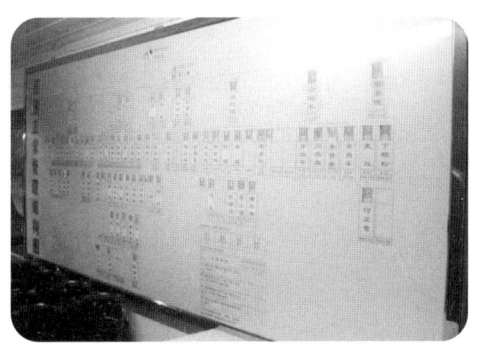

图 7-16　酒店组织架构图

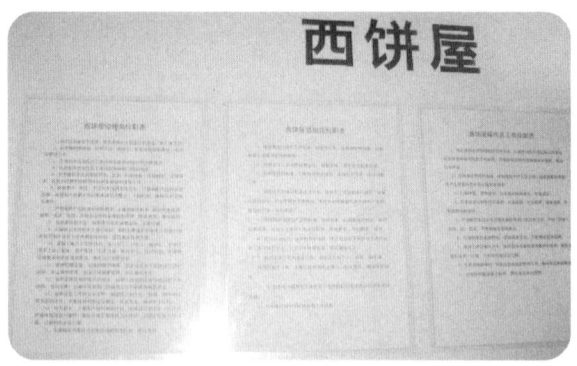

图 7-17　某西饼屋岗位职责

图 7-18　酒店门童、迎宾每日工作计划表

5. 召开有效的会议

酒店如何召开有效的会议？主要须注意以下 6 个方面。

第一，酒店多长时间开一次例会？很多酒店是星期一至星期五开例会，一周开 5 个早会，每个早会要一个小时，这种做法既费时又不解决问题。某大酒店将例会改成星期一上午一个小时的早会，再加一个星期五下午的总结会，两次例会就解决问题了。

第二，什么时间开会？有一家餐饮店，员工每天早上9：30上班，领班以上管理人员9：45准时开会，到11：00结束，天天如此。结果，我们发现，每天上午没人监督检查员工的工作，准备工作不到位，自然会出现很多工作上的失误。所以，酒店只要有客人的高峰时间，部门就不能开会，因为高峰时间部门经理必须在工作现场监督、检查和指导员工的工作。

第三，早会本该是激励员工和解决问题的会议，实际上很多酒店的早会却变成了员工的批斗大会。结果早会之后，很多经理都是垂头丧气的，因为整个早会要么是挨老总批，要么就是部门与部门之间互相批评、指责。

第四，时间和精力的分配应该是，70%用于会前准备，10%用于开会，20%用于会后追溯。

第五，主持人在主持会议的时候，要注意一次会议保持一个主题，要敢于打断那些偏离主题的发言。

第六，会议一定要有决议，并且落实到相应的责任人。

6. 实行首问负责制前培训要到位

什么叫首问负责制？就是客人问的任何问题，只要不违反法律法规和社会公共道德，首个被问的服务员就要告诉客人答案。即使回答不了也得请客人稍等，马上帮客人问到答案，然后立即告知客人。

有一次，我带着太太和孩子到香港半岛酒店就餐。首先发现的一个现象就是，半岛酒店作为世界十佳酒店之一，服务员中没有20岁左右的年轻人，一般都是30岁左右，甚至是四五十岁的中年人。因为香港人认为，做服务工作绝不是吃青春饭的，如果服务人员没有一定的年纪和经历，对服务的理解就不够，服务也不会到位，更不会有深度。所以，服务是个专业，是需要做一辈子的。

我们一走进香港半岛酒店的大堂，就有服务员甲主动过来问我们是否需要帮助？我说想用餐。服务员甲说："大堂咖啡厅就可以用简单的西餐，2楼还有正规的西餐厅和中餐厅可以选择。"

我说："我们想到高楼去用餐，可以同时欣赏维多利亚海港的夜景。"

服务员甲说："哦，那28楼餐厅可以，问题是本酒店28楼餐厅规定，12岁以下的孩子免进。"

我说："那我们去看一下可以吗？"

服务员甲回答说："当然可以，请从那边电梯上去。"

结果我们上错了电梯，没有找到28楼餐厅，就问另一个服务员乙28楼餐厅怎么走？

服务员乙回答说："三位要到28楼餐厅用餐吗？不好意思！本店28楼餐厅规定，12岁以下的孩子免进。"

我说："我们只想去看一下。"

服务员乙说："那请乘商场那边的电梯上去。"

到了28楼，我们直接往餐厅里走，迎宾员过来说："三位用餐吗？"

我说:"是啊!"

迎宾员微笑着说:"不好意思!本楼餐厅规定12岁以下的孩子免进。"

我说:"那只是看一下行吗?"

迎宾员回答:"没问题,随便看。"

于是,我们就一起进去参观了一下。

许多酒店是做不到这一点的,有的酒店服务员甚至连"有什么特色菜"这样的问题都回答不了。有一次在某饭店点菜的时候,我问点菜员有什么特色菜,她竟一时无法回答出来。好不容易推荐了一个菜,我问了她4个问题:第一,这道菜的主料是什么?第二,辅料是什么?第三,烹饪方法是什么?第四,烹饪时间有多长?那个点菜员居然笑着说:"先生,不好意思,我可不是厨师哦!"

酒店要实行首问负责制,就必须先对服务员进行必要的培训。

四、酒店如何节能降耗

节能降耗已成为当今世界的主题和趋势,酒店企业又该如何节能降耗呢?

有没有人注意到,酒店每天从烟囱里排掉的热能有多少?这个热能是否可以回收再利用呢?已拥有18项国家发明专利的浙江某宾馆的马总,就发明了一个利用余热锅炉及锅炉环保除尘装置,即回收利用烟囱中热能的方法。下面是马总在浙江省旅游饭店节能研讨会上发言的摘录:

余热锅炉及锅炉环保除尘装置

在锅炉运行中,排烟温度一般在120~250℃,烟气中的水蒸气仍处于过热状态,不可能凝结成液态的水而放出汽化潜热。众所周知,锅炉热效率是以燃料低位发热值计算所得,未考虑燃料高位发热值中汽化潜热量的热损失,因此传统锅炉热效率一般只能达到80%~85%。

应用MKC冷凝式余热锅炉,把排烟温度从150℃以上降低到最佳点,充分回收了烟气中的显热和水蒸气凝结的潜热,把锅炉补水加温到80~90℃,再返回锅炉补水箱,充分吸收烟气中的热量。MKC余热锅炉回收了80℃的热量(原来锅炉补水温度平均在10℃左右),能够节约大量能源,减少煤、油、燃气的消耗。在玉环长城宾馆经过实测显示,原来每吨蒸汽需消耗煤143千克,应用该装置后只需要105千克,有效节能30%。

烟气先通过余热锅炉回收热量后,经环保水幕除尘器加湿尘埃发生碰撞凝结反应,再通过导流片的阻挡,使汽与水分离,这样就能除去锅炉烟气中所含的大量灰尘。而且,还能够充分吸收烟气中所含的二氧化硫等有害气体,使锅炉烟气完全达到国家规定的排放标准,以减少温室效应的产生。

同时,我们还充分利用了以前直接排掉的污水。污水经过净化与中和处理后,实现中水再循环使用,达到变废为宝的目的。就算是不循环利用,至少也能让排放的污水达到国家废水排放标准,不会因此污染周围环境。

通过上述三项技改,酒店可以达到资源综合利用、保护环境、节能降耗等多重效果。

除此之外，酒店还可以采用下面这些措施，来达到节能降耗的效果。

1. 有效使用脚开关

第一种方法是自来水龙头采用脚开关。踩一下有水，松开脚即没水，这样就能节水了。据了解，整个酒店用水量最大的地方是员工浴室。因为不用自己掏钱，员工洗澡时就会慢慢冲，甚至有的员工冬天还在浴室里洗衣服。

第二种方法是刷卡。员工每月如需上班26天就预存26次的钱，每次洗澡刷卡一次扣6元钱。并且，设定刷一次卡放洗澡水的时间，男员工为6分钟，女员工为8分钟。如果时间到了还没洗完，员工就要再刷一次卡扣除6元钱。这样，员工便不会再浪费水，水自然就省了下来。

2. 环保回收，循环再用

酒店应该尽量做到各种资源的循环使用，不仅节约了酒店成本，还达到了环保的目的。比如，要节约办公用纸，就应做到每张打印纸都正反两面使用。

3. 奖励节约，处罚浪费

每个部门的能耗和物耗都应有指标。比如，餐饮部的指标要精确到每1万元营业额的能耗是多少，物耗又是多少。每个月都要做记录，无论与上月和去年同期相比是多了还是少了，都要分析原因，总结经验教训，并明确规定相应的奖惩措施。

多年以前，我做酒店管理者的时候，发现打火机用得特别快。酒店购买打火机的批发价是1元钱一个，有客人主动要就免费赠送。酒店服务员提出合理化建议：客人刚入座时，服务员是最忙的，要加位、减位，要点茶、点酒水，还要去吧台拿打火机给客人点烟。一般客人都会要打火机，为了减少客人入座时服务员的工作量，能否在10个客人来之前，服务员先领10个打火机放在桌子上，客人要用可以自己取。

这个建议被采纳后，我们渐渐发现：客人走时，并不是人人都拿走了打火机，可能还会剩6个在桌子上，服务员便会私自拿走，或是送人，或是自己用。因此，酒店打火机的用量变得特别大。

于是，我们采取了相应的控制措施：在客人来之前，服务员领10个打火机是可以的，但客人走了以后，没用的要归还并做记录。因为每个服务员的工资都是按件计算的，即根据服务客人的数量发工资，所以每月每个服务员服务了多少客人也都是有记录的。

经过一个月的统计发现：服务员甲服务了1000个客人，用了500个打火机；服务员乙同样服务1000个客人，用了400个打火机；服务员丙服务1000个客人，却只用了300个打火机。由此可计算出，每1000个客人的平均消耗量是400个打火机。这样，甲就超出了100个，而丙节省了100个。于是，酒店规定超出的罚20元钱，节省的奖20元钱。通过这一措施，酒店打火机的用量很快就得到了有效的控制。

其实，这种方法同样可以应用于酒店的各个部门及各个岗位。

4.将电源开关加上指示标志

餐饮包厢的灯一般有三种：射灯、节能灯和景观灯。菜上桌之后用射灯一照，看起来会特别漂亮，这样能增加客人的胃口，但是射灯特别耗电。由于以前没有相应的规定，服务员在没客人时也把所有灯都打开。酒店六常管理要求将电源开关加上指示标志，规定各种灯的开关时间，违反规定就要受到处罚。

5.标明电器设备的使用时段和标准

酒店中应标明所有电器设备的开关时间、负责人姓名，有使用标准的当然也要标明，这样可以将电器设备的用电量降至最低。

五、安全规范是保障

安全规范是酒店六常管理中最重要的规范之一，没有安全就没有一切。怎样才能保证酒店的安全呢？要注意以下几个方面。

1.安全制度和管理体系要健全

健全的安全制度和管理体系是酒店安全的重要保障。浙江某大酒店的安全制度十分值得我们学习和借鉴，具体如下：

（1）成立酒店安全管理小组，成员是三位总经理助理和一位工程部经理，并由其中一位总经理助理担任组长。

（2）安全管理小组负责编写《安全管理细则》，明确酒店需要处理的安全事故的种类、程度，以及处理措施等。例如，台风几级要相应做哪些安全防范工作，如果没做到应如何处罚，都有明确的制度规定。

酒店安全包括水、电、煤气、蒸汽安全，防火安全，防盗安全，防台风等自然灾害的安全，人身安全（员工之间的、客人之间的、员工与客人之间的安全），食品卫生安全，财务安全（财务出现漏洞、应收款未收回等）。

（3）每位部门经理都要签署负责本部门安全的责任状。

（4）如果一年之内没有发生任何安全事故，则领班以上各级管理人员都会得到相应的安全奖金。

（5）一旦出现安全事故或事故苗头，就要"小题大做"，由安全管理小组成员鉴定事故或事故苗头的产生原因、责任人和责任程度。

事情经过：某日上午10点左右，厨师闻到电线异味，立刻报工程部。工程部人员来检查时，因查不出具体原因（责任心有问题或能力有问题）便草草了事。到了晚上8点，温控器由于电线老化冒烟，工程部立即抢修。

安全小组鉴定及处理：安全小组长总经理助理扣罚1000元的安全奖，因为下属部门反映有问题，他并没有事先查出并及时避免；工程部经理、餐饮部经理、厨师长分别扣罚年度安全奖的50%，因为报修找不到原因应立即上报经理处理，但他们都没有这样做；另外，工程部维修工被扣罚500元，厨房员工被扣罚300元。

这样一来，整个酒店的安全责任就具体分摊到了每位员工，特别是每位管理人员身上，也从制度上确保了酒店的安全。

2. 具体安全措施须明确

酒店六常管理除了强调安全制度和安全管理体系，还明确规定了防火、防盗等安全事故的具体措施。

（1）防火。

酒店的防火措施主要有：

◆ 安装警告灯和紧急出口标志。

◆ 摆放灭火器，有走火逃生的指引和训练。

消防部门也明确规定，酒店不管客房还是餐饮包间，都必须配有走火逃生图。

> 我到嘉兴沙龙讲课时，入住的酒店客房房门后面贴着一张走火图和一张说明书，共有10多条说明。我看完记住了其中两条：
>
> 第一，尊敬的客人，在您入住到本客房以后，您一定要找到两条以上的逃生路线。
>
> 第二，您一定要亲自走一遍。

我们应向这家酒店学习，要有高度的安全意识。因此酒店六常管理规定，酒店除了必须配有走火逃生图，还要按规定摆放灭火器，灭火器边上必须附加一张使用说明书。

说明书的内容为：灭火器名称、使用范围、使用方法的说明；发生火灾时的6条提示（停止一切工作，听从主管指示，不拿任何东西，保持镇定，用湿毛巾捂鼻子，尽快走到安全地带）；以及具体负责人的名字、检查的日期等。

酒店六常管理本来是要求尽量不在客人区实施，实施也必须非常隐蔽，但是灭火器的安全说明除外。

（2）防盗。

酒店的防盗措施包括：

◆ 防盗设备的配备。杭州某大酒店为了防止用餐客人物品被盗，专门配有一个存包柜，并专门提醒客人存包。

◆ 酒店钥匙的管理。很多酒店仓库管理人员下了班，酒店钥匙都可以带回家，这是一种很奇怪的现象，而且10家酒店里基本有9家都是如此。酒店到底要怎么管理钥匙？

首先，员工绝不能将酒店钥匙带回家。员工下班之前，应该将酒店钥匙寄存到24小时都有保安的值班室保险柜里。

其次，寄存和取拿钥匙必须签字。员工寄存钥匙时，值班保安给寄存人员一个信封，将钥匙放入信封，封好封口，寄存人员在封口上签字之后放进保险柜。当然，寄存人员需在钥匙寄存记录本上登记，并让保安签字。第二天，寄存人员查看信封完好无损后，方可签领并取走钥匙。若是特殊情况下要非正常领取钥匙，则需取用人、酒店值班总经理、保安部值班经理、值班保安4个人同时在场。签字还应有授权签领人员的签字样板对照。

（3）预防其他安全事故。

酒店应预防和提醒的安全事故还有：

◆ 防滑。大堂地面如果是大理石、花岗岩的，打蜡的时候就要有一个提示牌："正在清洁，小心地滑"。客房卫生间的地面、浴缸特别滑，也应配备防滑垫和防滑提醒标志。一位三星级酒店的老总住过很多酒店，也知道浴缸必须有防滑垫和防滑提醒，但自己的酒店就是没有配备这些设备。酒店开张两年后，一位住进该酒店的中年客人洗澡时不慎滑倒，造成盆骨骨折。酒店不仅赔偿了医药费1万元，还承担了精神损失费5万元。此时，该酒店老总后悔莫及，马上在自己酒店里配备了防滑垫和防滑提示牌。

◆ 防烫。酒店的明档炉灶、热水浴缸等都应有防烫提示。

◆ 防电。所有有电线和插座的地方，都要贴上醒目的安全标志。

◆ 防煤气中毒等。煤气等危险物附近一定要有专门的安全标志，并且，在提示"需注意、有危险"的地方都应画上红线。

◆ 防扭伤。六常管理规定，25千克以上的物品不能一人搬运，因为容易扭伤腰，必须两人抬。并且，搬运重物的正确方法不是两人弯腰抬，而是两人同时蹲下，分别抓住重物两端，然后同时站起。

六、设置"六常博物馆"好处多

"六常博物馆"的主要内容为：各岗位员工标准仪表、仪容的图片和说明，标准服务姿势图片及说明，酒店各岗位实施六常管理前后的对比照片与说明。

为什么实施六常管理前后的对比照片要放在博物馆中？

第一，激励酒店每一位员工，通过对比实施之前的环境怎么脏乱差，以及实施之后的环境又是如何整洁明亮，表明我们能做好，我们的能力很强。

第二，让员工认识到实施六常管理的不容易，应该珍惜和维护这一成果。

第三，激励后进入企业的员工和参观者。

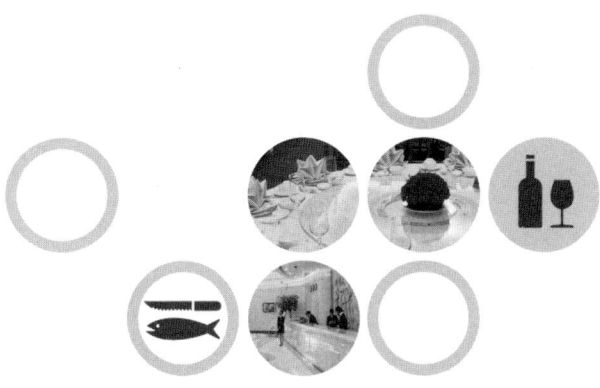

第八章

常教育——让六常成为习惯

常教育的意思，就是通过批评教育，使全体员工都自觉养成六常习惯。

一、六常习惯有哪些

1. 规范的仪容仪表

有人曾做过调查，51%的人之所以选择某款手机，是因为手机的款式、颜色等外形十分吸引人。酒店服务人员的仪容仪表也是酒店产品的重要组成部分，很多客人同样会根据酒店的店容及员工的仪容仪表来选择自己入住的酒店。

可是，又有多少酒店经理真正重视了员工的仪容仪表呢？在酒店中，我们时常会看到下面这些情形：

（1）一些酒店的女服务员不仅戴着又大又圆的耳环，手指甲上还涂着鲜红的指甲油。

（2）有些酒店的厨房已经半开放了，可是厨师们的头发却又长又脏，并且工作时不戴口罩，身上的白色工作服都成黑的了也不清洗。

（3）有些酒店服务员上身穿着工装，下身却穿着自己买来的廉价休闲裤，脚上是一双平底鞋，简直不伦不类。不仅个人形象不好，还影响到了酒店的形象。

有一句话说得好，"你可以从厨师工作服的洁白程度，看出一家酒店的星级标准"。在五星级酒店里，提供早餐的厨师衣服是雪白雪白的；在四星级酒店里，厨师的衣服就会有一点泛黄；在普通酒店，厨师的衣服开始有些发灰；在普通酒店，厨师的衣服则已经发黑，脏得不成样了。

因此，酒店六常管理对员工的仪容仪表提出了明确的要求，并强调要通过常教育，使员工养成规范的个人仪容仪表习惯。

一般来说，酒店员工在工作中必须经常保持整齐清洁，应注意下列各方面：

（1）头发：

◆ 保持头发清洁，经常洗头。

◆ 刘海不可遮住眼睛，发式不可过于夸张。

◆ 男员工头发侧面不可以盖过耳部。

◆ 女员工穿制服时，要求头发整洁干净，不允许披头散发，留长发应将其盘起来，发夹必须为黑色。

◆ 女员工要求化淡妆。

（2）鼻子：

◆ 经常留意并及时修剪鼻毛。

（3）胡须：

◆ 男员工不准留胡须，每天都必须刮净胡须。

（4）指甲：

◆ 要经常修剪指甲，保证所有指甲都短而干净。

◆ 女员工不能涂色彩鲜艳的指甲油。

（5）首饰：

◆ 女员工不可佩戴垂下来的或夸张的耳环。

◆ 项链不可露出制服外。

◆ 不能佩戴任何质地的戒指和手链。

（6）鞋袜：

◆ 袜子必须为黑色。

◆ 必须穿着由酒店发的工作鞋或黑皮鞋上班。

（7）服装：

◆ 必须穿着制服上班，且保持整洁干净。上班时必须佩戴工号牌，戴工作帽，必须系围裙及携带净布。

2. 标准服务用语的规范和训练

规范的服务用语就是那些能让客户感觉到你是一名优秀服务员的语言。当你对客户说标准的服务用语时，客户会感觉到："原来我是客户，你是为我提供服务的。"规范的服务用语应是很专业的语言，而不是一些基本的礼貌用语，如"您好、欢迎光临、谢谢"等。

当你走进餐厅时，有位服务员过来给你倒杯茶水，可能会有这样几种情况。一、服务员一句话也不说，直接就给你倒了一杯茶水。二、服务员走过来说："来，给您倒点水！"这完全是命令性的语气。三、服务员走过来说："来，先生，给您一杯水好吗？"这马上就变成了请求式的。你感觉哪种好呢？当然是第三种。

标准的、请求式的服务用语，还能带给客户一种非同寻常的温馨感受，让客户觉得自己就是上帝。

一般情况下，酒店服务人员的日常服务用语有：

◆ 先生（或小姐），早上好／您好／晚上好／欢迎光临。

◆ 请、您请、请讲、请坐、请走好、请稍候。

◆ 斟一杯茶时讲"请用茶"，上汤时说"请饮汤"，吃饭时讲"请用餐"，菜上齐时说"菜已上齐，请慢用"。

◆ 请问台上的菜是否可清理？请让一让，我来帮您换骨碟。请问需要加菜吗？

◆ 请稍等，很抱歉；对不起，打扰了；对不起，让您久等了；真对不起，给您添麻烦了。

◆ 再见、欢迎再次光临、祝您一路平安。

某大酒店标准服务用语摘选（餐前）

（1）当迎宾把客人带到楼梯口或包厢门口时，服务员应适度弯腰并微笑着说："中午好（或晚上好）！欢迎光临，这边请！"为客人拉椅让座时说："请坐！"

（2）为客人上小毛巾、上茶时说："请用茶！请用毛巾！"让客人点菜时说："请问现在需要点菜吗？请问哪位点菜？"然后，通知领班为客人点菜，服务员为客人撤筷套，拿掉桌上的盆花和桌号牌。

（3）然后，再询问客人："请问现在可以点酒水吗？"若客人说可以，则轻声问："请问您喜欢喝什么酒水？"若客人说来点红酒（或其他酒水），服务员应先报出酒店急需推销的此类酒名，若客人听后无反应再介绍别的酒，直到客人确定。客人若点了洋酒，应问客人："需要加冰块吗？"若点了啤酒，应问客人："需要冰镇的吗？"随后，再把客人点过的酒水复述一遍，当客人确认后，应对客人说："好的，请稍等！"

（4）服务员把酒水拿进包厢时，应站在客人的右侧，弯腰把托盘低放，轻声询问客人："对不起！打扰一下，请问您点的酒水可以打开了吗？"同时，请客人确认酒水的品种。

（5）在斟酒过程中，如果传菜员把菜送入包厢，可先放在工作柜上，服务员在倒好酒水后再上菜。

（6）斟好酒水后，询问客人："请问茶杯可以撤掉吗？"客人同意后，应左手托托盘，站在客人右侧，撤走茶杯。如有客人需要喝茶，则说："给您换个大水杯好吗？"得到客人同意后，立即为客人换上大水杯并添加茶水。

3. 每天下班前5分钟检查六常实施情况

酒店员工每天下班前5分钟必须检查六常实施情况，主要包括：

（1）检查当日工作情况。

（2）检查物品是否整齐归家。

（3）检查卫生及清洁工作。

（4）检查是否关掉了电灯、空调等设备。

4. 今日事，今日毕

酒店六常管理要求每一位员工做事都不拖延，养成"今日事，今日毕"的好习惯。

但在我们的实际生活中，你如果有机会进入酒店经理的办公室，常会看到经理的办公桌上堆满了文件和资料，人却不在。这表明，经理经常没有做完工作就下班了。

所以"今日事，今日毕"要从经理自身做起，经理应先清理自己的办公桌，做到整齐干净。办公场所随时都应该是一尘不染、整整齐齐的。

5. 用报表和数字说话

用报表和数字说话，这是酒店六常管理的最基本理念。

我在实施六常管理的过程中，每次到酒店检查总要问经理："平时检查工作吗？"大部分经理都会回答说："检查。"可是，他们却拿不出任何书面的检查记录。酒店六常管理认为，经理如果检查了却不做书面记录，就等于没有检查。

因此，酒店六常管理规定：员工的工作及经理的检查，必须在相应的报表上有详细而准确的记录。

浙江海宁龙祥大酒店在10多年前只有130多间客房，但客房部办公室的墙上却挂了50多本各种类型的报表。总经理检查工作时不需要找到部门经理，自己随时就能检查。比如，6月9日总经理去检查客房部经理的工作，具体情况如下：

先看上月计划，6月份工作计划上写着：6月3日下午3：00—4：30，在1号会议室培训8位新员工，培训主题是进房敲门的程序，培训老师是经理，附培训员工名单和培训提纲。

再翻看培训记录本，6月3日下午3：00—4：30在1号会议室培训"进房敲门的程序"情况记录：8位新员工的签到记录，培训老师签到记录，培训考核成绩记录，以及培训讲义等一目了然。

6. 酒店六常管理规范的创新

（1）应用卡通和幽默的语言让员工更容易接受规范。

比如，计划卫生表上写着："记住每天给我洗个澡。"再比如，垃圾桶上面放一个漂亮的牌子，上面写着："帅哥，千万不要乱扔哦，否则就准备掏钱吧！"

（2）将新品菜的照片和介绍贴在墙上，让每位员工都能及时了解。

（3）餐馆洗手间改为无门设计。

客人到餐馆来吃饭时，饭前都要洗手，但往往会发现到洗手间洗完手后还要拉门出去，一拉门手就白洗了，因为洗手间的门拉手可以说是全世界最脏的地方之一。洗完手又拉门，拉完门又洗手……

为什么洗手间一定要有门呢？一些机场的洗手间都是没有门的，这样的设计才是人性化的设计。

二、怎样才能使员工养成习惯

要使员工养成习惯，就要对他们进行批评教育。教育必须有批评，没有批评就没有教育。

批评教育员工时，应注意三个要点：

（1）工作现场即时批评。

（2）批评负责人。

（3）批评与表扬相结合。

如果员工将杯子放错了地方，酒店经理要马上把放错杯子的员工和领班一起叫过来，并当着犯错员工的面，将领班狠狠批评一顿。这样做肯定能收到好的效果，因为它遵循了三条原则：第一，在现场；第二，马上批评；第三，批评负责人。

另一种方法是，假如整个团队有10个人，一位员工犯错便处罚所有人，这样犯错员工的日子肯定不好过，以后也就没有人敢再犯错了。

当然，批评时要注意与表扬相结合。最好是先表扬再批评，再表扬再批评，最后以表扬结束。

把5只猴子关在一个笼子里，上头有一串香蕉，实验人员装了一个自动装置。一旦测到有猴子想去拿香蕉，马上就会有水喷向笼子，而里面的猴子都会浑身湿淋淋的。

刚开始，有只猴子想去拿香蕉，结果当然是每只猴子都被淋湿了。之后，每只猴子都在做了几次尝试后，发现莫不如此。于是，猴子们达成了共识：不要去拿香蕉，以免被浇湿。

后来，实验人员把其中的一只猴子放出笼子，换进去猴子A。猴子A一看到香蕉，马上想要去拿，结果被其他猴子狠揍了一顿。因为其他4只猴子认为猴子A会害得它们被水淋湿，所以都要制止它去拿香蕉。猴子A尝试了几次，每次都被打，也没有拿到香蕉。当然，这5只猴子也没有被水喷到。

之后，实验人员再把一只猴子从笼子里放出来，换上猴子B。猴子B看到香蕉，也是迫不及待要去拿。于是，一如之前所发生的情形，其他4只猴子狠揍了猴子B一顿，猴子A打得特别用力。猴子B试了几次总是被打得很惨，也只好作罢。

慢慢地，实验人员把原来关在笼子里的5只猴子都换成了另一批猴子。但大家仍不敢去动香蕉，也都不知道为什么，只知道去动香蕉就会被别的猴子打。

猴子是这样，人其实也是一样的。所以，如果要将六常养成习惯，就应让员工了解不按六常规定做时，或者做得不好时，也会像实验中的猴子一样"被喷水"（批评），或"被狠揍"（重罚），直到养成习惯为止。

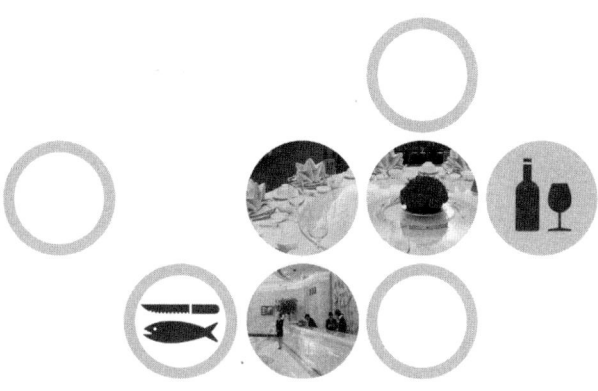

附录

酒店部分员工责任卡

一、餐饮部员工责任卡

表1 员工水杯柜责任卡

员工水杯柜责任卡	
1. 按本人编号取用茶杯	照片
2. 茶杯按规定摆放整齐	责任人：
3. 保持水杯柜清洁卫生，无污迹	监督人：

表2 1号冰箱责任卡

1号冰箱责任卡 购入日期： 最低使用年限：		
左上： 黄瓜、银波菜、江南四素豆瓣、蒜薹生仁、青腌菜、百叶	右上： 金针拌肥牛、天目山笋尖、云贵山蕨菜、顶汤螺菇、葱油海蜇头	照片
左下： 葱油蚕豆、糟鸭舌、柠檬红椒泡藕、雪菜鲜笋、四川泡菜、莲子、咸菜毛豆子、如意素三丝、酱萝卜、加酱牛板筋	右下： 四喜烤麸、泡椒凤爪、青雪菜拌鸡肫、红枣莲心	责任人： 监督人：
要求： 1. 温度控制：1～5℃ 2. 做到柜内物品按规范摆放整齐，清洁卫生 3. 柜内外及台面保持清洁卫生，无水迹，无污迹		

表3 洗碗机操作程序、责任卡

洗碗机操作程序、责任卡 购入日期： 最低使用年限：	照片
1. 打开洗碗机门，检查过滤网、过滤罩是否到位，塞上塞杆，检查垂帘前后位置是否放错，关上门	
2. 合上总电源，慢慢打开蒸汽阀，放掉冷凝水（蒸汽压力不允许超过2千克）	
3. 按下机器的电源开关，机器自动进水，水加满，温度指示灯自动亮，进入加热状态，加热至60℃后，温度指示灯自动熄灭，便可开始洗碗，打开传送开关	
4. 在洗涤中如听到异常声立即停机，并及时汇报，不得使机器带病工作	
5. 营业结束后，关闭洗碗机的电源开关，关掉蒸汽阀门，检查上、下喷臂上的喷嘴是否堵住，发现堵住及时报告领班	责任人： 监督人：
6. 打开机器的门，拔掉塞杆，拿出滤网、滤罩，清洗干净，清理垃圾，用清水冲洗机内直至干净，将所有用具擦洗干净，归类放好	
7. 检查机内垂直内壁，查看是否有油污、脏物和垃圾	
8. 用干净的抹布擦净机器的表面，打开机门1/3，让其风干	
9. 注意不能用水冲机器的表面，以防机内电器线路进水或受潮	
10. 每周用酸性洗涤剂将机内喷臂擦洗一遍	
11. 定期请工程部或供货商来检查和维修保养，以延长洗碗机的使用寿命	

附录 酒店部分员工责任卡

表4　1号和2号蒸箱操作程序责任卡

1号和2号蒸箱操作程序责任卡	
购入日期： 最低使用年限：	照片
1. 使用前应检查蒸汽设备是否完好，发现损坏或漏气现象及时报修	
2. 使用蒸汽时，蒸汽压力控制在1千克以下	
3. 取物时，应先关掉蒸汽阀门再取物，并注意不可徒手操作（用毛巾）	责任人： 监督人：
4. 开启箱门时，应侧身操作，并提醒旁边的人注意，避免余气造成伤害	
5. 正确掌握菜肴所需时间，避免因过长或过短而影响到菜肴质量	
6. 使用完毕后，及时关闭蒸汽总阀门，做好清洁卫生工作	

表5　粗加工卫生区域责任卡

粗加工卫生区域责任卡	
购入日期： 最低使用年限：	照片
负责项目：地面、水池、推车、灭蝇灯、门、排气扇 要求： 1. 保持清洁卫生，无污迹，无水迹（水池除外） 2. 水池保持无脏物，无杂物，下水道通畅 3. 推车、灭蝇灯按规定位置归位摆放 4. 门、排气扇保持清洁卫生，无污迹，无水迹	责任人： 监督人：

二、客房部员工责任卡

表6　六楼吸尘器卫生责任卡

六楼吸尘器卫生责任卡	
购入日期： 最低使用年限：	照片
1.将插头插入插座孔内，开启电源开关 2.正确按照操作程序使用，做到安全操作 3.用完关闭电源，拔下插头 4.保持吸尘器内外清洁卫生	责任人： 监督人：

表7　六楼消毒柜卫生责任卡

六楼消毒柜卫生责任卡	
购入日期： 最低使用年限：	照片
1.将清洁后的茶（饮）具放入消毒柜内，杯口朝下，杯盖直立排列，接上电源，按下按钮，指示灯亮，达到温度后自动熄灭 2.保持消毒柜内外清洁卫生 3.保持消毒柜平稳，茶具摆放整齐 4.消毒柜四周不准摆放易燃物品	责任人： 监督人：

表8 六楼卫生责任卡

六楼卫生责任卡	照片
1. 保持清洁卫生 2. 确保设施设备完好、有效 3. 物品摆放规范 4. 每天实行六常	责任人： 监督人：

表9 六楼工作间管理责任卡

六楼工作间管理责任卡	照片
1. 保持地面干燥，以及台面清洁卫生 2. 保持物品摆放规范整齐 3. 禁止在工作间随意食用零食、水果等 4. 加强工作间安全保卫工作，进出一定要上锁	责任人： 监督人：

三、仓管部员工责任卡

表10　冷柜责任卡

冷柜责任卡		照片
	购入日期： 最低使用年限：	
1. 保持整洁 2. 物品摆放整齐 3. 冷柜温度控制范围：冷藏1~5℃，冷冻-10~-5℃		责任人： 监督人：

表11　抽湿机责任卡

抽湿机责任卡		照片
	购入日期： 最低使用年限：	
1. 保持清洁 2. 摆放固定，不随意移动 3. 根据实际情况使用 4. 下班前切断电源		责任人： 监督人：

表12 仓库管理责任卡

仓库管理责任卡	
	照片
区域：仓库办公室、物料仓库 要求： 1. 保持清洁卫生 2. 严把物品进出库"三关"：进库验收关、入库保管关、出库复验关 3. 物品按类别摆放整齐 4. 严格控制物品最高、最低库存量，并保证做到先进先出、后进后出 5. 定期检查，适量申购，防止出现物品积压或断货	责任人： 监督人：

致 谢

首先,我要真诚地对时代光华的编辑们表示衷心的感谢!没有他们的辛勤劳动,本书就不可能这么快与各位读者朋友见面。

同时,我要感谢嘉兴金悦大酒楼有限公司董事长盛富林,嘉兴太阳城大酒店、e代商务酒店董事长卫飞翔,海宁龙祥大酒店、海外不夜城大酒店、南北湖桃源山庄董事长王平,嘉善梅园大酒店总经理李全良,杭州红泥花园大酒店总经理刘小英、副总经理包桂珍,杭州海景大酒店总经理吴建明,天河银座餐饮有限责任公司董事长李建平,银川仙鹤楼总经理袁兵,合肥黄山大厦总经理王健,广州珠江宾馆总经理许宝生,北京华膳园温泉饭店总经理杨彩庆,济南舜耕山庄董事长朱传东、总经理郑军,海门市新世纪师山大酒店董事长蔡惠忠,常州国瑞宾馆总经理唐文杰,常州金陵明都大饭店董事长沈益峰、总经理盛冠平,溧阳万家灯火大酒店董事长董新民,杭州新白鹿酒店有限公司董事长周文源,杭州钱江渔村董事长华娟,南昌菜肴故事董事长黄俊、总经理陈冠宇,呼和浩特金太阳大饭店、陆雨金航大酒店、闻都大酒店董事长李翠萍，十堰紫荆花君悦国际大酒店董事长陈华文，淮安醉笑天大酒店董事长张静等酒店朋友们的帮助和支持！

另外，还要感谢我的合作伙伴——杭州六常法酒店管理咨询有限公司营销总经理黄德争先生及他所率领的全体员工的大力支持与推广，要感谢六常法讲师团讲师袁武刚老师的辛勤付出，他们的不懈努力让更多酒店导入六常法。

最后，我要特别对我的夫人朱晓波给予我写作上的大力支持表示最真挚的感谢！

邵德春